T0166119

Maquette de couverture : Laurent VENOT

ASPECTS DE LA GRAMMAIRE DU FƆNGBÈ

LANGUES ET CULTURES AFRICAINES

Collection dirigée par
Luc BOUQUIAUX

Le continent africain, sauf sur sa frange septentrionale et méditerranéenne, compte essentiellement des civilisations à tradition orale. Là même où existe de longue date une tradition écrite, comme c'est le cas dans les pays arabes ou en Éthiopie, la possession de l'écriture et de la culture qu'elle véhicule, reste presque entièrement l'apanage d'une petite élite politique et religieuse. Bien des civilisations se sont développées puis ont disparu sans que la moindre trace en subsiste. Aujourd'hui, plus que jamais avec l'impact du monde industrialisé dominant, des langues et des cultures s'éteignent. Partout, la mutation est profonde, rapide, souvent brutale, rarement heureuse.

Depuis que les Occidentaux ont pénétré cet univers de paroles éphémères, il s'en est trouvé quelques-uns pour ne pas les ignorer ou les mépriser, voire s'obstiner à en goûter les richesses. Des premiers voyageurs ou explorateurs éclairés du siècle dernier aux chercheurs d'aujourd'hui, une collecte de ce patrimoine culturel s'est poursuivie plus ou moins rigoureuse, mais toujours irremplaçable.

La collection d'ouvrages présentée ici se veut une pierre ajoutée à l'édifice commun. Elle rassemblera des travaux de spécialistes, linguistes, ethnolinguistes, ethnologues et non d'amateurs. Sa vocation est de réunir des documents, certes, mais surtout des études approfondies sur des langues et cultures d'Afrique encore peu ou mal connues, certaines n'ayant même pas de nom français. On y traitera des sociétés traditionnelles dans leurs rapports avec leur passé et la sagesse ancestrale, mais aussi de leurs aspirations vers le monde moderne et des difficultés qu'elles rencontrent à s'y adapter.

Déjà parus dans la collection:

1. Michka SACHNINE, 1982 — *Le lamé (vùn-dzèpào). Un parler zimé du Nord-Cameroun (langue tchadique)* - 1. Phonologie. Grammaire - 2. Dictionnaire lamé-français. Lexique français-lamé, 2 vol. 557 p.
2. Francis JOUANNET (éd.), 1983 — *Le kinyarwanda, langue bantoue du Rwanda. Études linguistiques*, 241 p.
3. Marie-Françoise ROMBI, 1983 — *Le shimaore. Première approche d'un parler de la langue comorienne (Ile de Mayotte, Comores)*, 256 p.
4. Georges A.G. GUÉDOU, 1985 — *Xó et gbè. Langage et culture chez les Fon (Bénin)*, 528 p.
5. Jeanne-Françoise VINCENT & Luc BOUQUIAUX (éds.), 1985 — *Mille et un proverbes beti (la société à travers ses proverbes)*, recueillis par Théodore Tsala, 326 p.
6. Henri TOURNEUX, Christian SEIGNOBOS et Francine LAFARGE (éds.), 1986 — *Les Mbara et leur langue (Tchad)*, 317 p.
7. Véronique DE COLOMBEL, 1986 — *Phonologie quantitative et synthématique, avec application à l'ouldémé (langue tchadique du Nord-Cameroun)*, 410 p.
8. Ntolé KAZADI, 1988 — *Chants des cultes Butembo et Mikendi du Zaïre*, 295 p.
9. Véronique DE COLOMBEL, 1987 — *Les Ouldémés (Nord-Cameroun)*, 74 p., 1 cassette.
10. Suzanne RUELLAND, 1988 — *Dictionnaire tupuri-français-anglais (Tchad)*, 343 p.
11 + 12. Marie-Jo DERIVE, 1990 — *Étude dialectologique de l'aire manding de Côte-d'Ivoire*.2 Fasc., 270 + 137 p.
13 + 14 + 15. Marie-Paule FERRY, 1991 — *Thesaurus Tenda. Dictionnaire ethnolinguistique de langues sénégalo-guinéennes (bassari-bedik-konyagi)*, 3 Tomes, 1280 p.
16. Didier MORIN, 1991 — *Le Ginnili devin, poète et guerrier afar. (Éthiopie et République de Djibouti)*, 146 p.
17. Stefan SEITZ, 1993 — *Pygmées d'Afrique centrale* (trad. de l'allemand de L. Bouquiaux).

LANGUES ET CULTURES AFRICAINES
— 18 —

Alain Kihm & Claire Lefebvre
(éditeurs)

ASPECTS DE LA GRAMMAIRE DU FƆNGBÈ

**Études de phonologie, de syntaxe et
de sémantique**

SELAF n° 342

PEETERS
—
PARIS
1993

ISSN : 0755-9305
ISBN : 2-87723-091-0
© PEETERS PRESS – Louvain-Paris
Copyright scientifique : SELAF-Paris
Dépôt légal : septembre 1993

Alain KIHM et Claire LEFEVBRE

PRÉSENTATION *

Les articles contenus dans ce recueil traitent de divers aspects de la grammaire du fɔngbè, langue du groupe kwa de la famille Niger-Congo-Kordofan, parlée dans la République du Bénin. La raison d'être du livre est double. D'une part, il s'agit, banalement, d'élucider un certain nombre de phénomènes grammaticaux mis en évidence par une langue encore relativement peu étudiée, en comparaison de la somme de connaissances accumulées sur d'autres membres du groupe, le yoruba ou l'ewe par exemple. Par là, les études qu'on va lire espèrent enrichir la linguistique africaniste et, au-delà, contribuer au progrès de la théorie linguistique générale. D'autre part, l'histoire nous apprend que le fɔngbè constitue très probablement le substrat principal du créole haïtien (cf. Singler, sous presse). Or, ce travail s'inscrit dans le cadre d'un projet de recherche [1] visant à vérifier l'hypothèse selon laquelle la formation des langues créoles, de toutes ou d'une partie significative d'entre elles, s'explique avant tout par un processus de relexification du substrat (cf.Lefebvre, 1986; Lefebvre et Lumsden, 1989). Explorer la grammaire du fɔngbè constitue donc un préalable à l'entreprise de comparaison systématique de cette langue avec l'haïtien à laquelle le projet entend s'attaquer.

* Nous remercions Monique Poulin qui a formaté le manuscrit.

[1] Le projet s'intitule *La genèse du créole haïtien: un cas particulier d'investigation sur la forme de la grammaire universelle*. Le projet est situé au département de linguistique de l'Université du Québec à Montréal. Il est financé par une grande subvention du CRSH, et des subventions émanant du FCAR et du PAFAC (UQAM).

Trois aspects de la grammaire du fɔngbè sont abordés : la phonologie, la syntaxe et la sémantique [2]. Le premier de ces chapitres comporte deux contributions, celle d'Anne-Marie Brousseau consacrée à l'interaction entre la qualité des consonnes et le ton de la voyelle suivante, et celle de Maxime da Cruz et d'Aimé Avolonto, qui étudient l'harmonie vocalique. Brousseau produit une analyse subtile et complète d'un phénomène d'alternance tonale d'apparence très complexe. Le lien qu'elle introduit entre le caractère non voisé de la consonne et le ton bas de la voyelle constitue, pensons-nous, une contribution importante à la théorie des traits dans le cadre dit du Charme et du Gouvernement (cf. Kaye, Lowenstamm et Vergnaud, 1990). Da Cruz et Avolonto, pour leur part, établissent empiriquement la supériorité de cette théorie sur celle dite de la Sous-spécification s'agissant des faits d'harmonie du fɔngbè. Leur démonstration de la forme sous-jacente du pronom objet de 3e personne est également une nouveauté intéressante.

Au chapitre de la syntaxe, Claire Lefebvre et Juvénal Ndayiragije s'attaquent tous deux au phénomène du clivage de prédicat, construction stratégique pour l'entreprise contrastive, car elle se retrouve en haïtien aussi bien qu'en fɔngbè. Lefebvre avance une hypothèse typologique qui devrait aiguillonner la recherche dans le domaine : la possibilité de cliver un prédicat de la même façon qu'un argument, avec le même effet de mise en relief et de contraste, serait corrélée à l'existence de déterminants portant sur la phrase. La corrélation tient pour l'haïtien et le fɔngbè. Reste à voir si elle peut être généralisée, positivement ou négativement. Ce serait là en tout cas une découverte importante du point de vue de la distribution des paramètres dans la grammaire universelle.

Ndayiragije, pour sa part, entreprend l'analyse détaillée de la construction en fɔngbè. Il en démontre le caractère unipropositionnel, et que la marque *wè* ne peut être considérée comme une copule, mais bien comme une particule d'emphase. Il y a là une différence intéressante d'avec l'haïtien, où le caractère bipropositionnel des constructions de clivage en général est indéniable (cf. Lumsden, 1990; Lumsden et Lefebvre, 1990).

L'article d'Aimé Avolonto a pour objet les particules modales de sens injonctif du fɔngbè. Suivant les développements récents de la théorie des Principes et des Paramètres (cf. Pollock 1989, Chomsky 1989), Avolonto propose d'en faire la tête d'une projection fonctionnelle INJ(onctif), distincte de T(emps). S'il a raison, cela tendrait à montrer que la famille des catégories fonctionnelles est plus étendue qu'on ne le pensait. Du coup, un traitement unifié de l'injonction deviendrait possible, y compris pour des langues qui, tel l'haïtien (ou le français, ou l'anglais, etc.), ne possèdent pas un système aussi subtilement élaboré que celui du fɔngbè, mais n'ont en gros qu'un impératif.

---

[2] Grammaire doit s'entendre ici au sens de la théorie des Principes et des Paramètres (cf. Chomsky, 1981, 1986), comme une caractérisation explicite du langage intériorisé (*Internalized Language*), c'est-à-dire de l'état de connaissance tacite (compétence) d'un locuteur adulte ne souffrant d'aucun handicap mental.

Enfin, les études de sémantique s'inscrivent dans le cadre des travaux dits de sémantique lexicale, dont l'hypothèse de fond est que ce sont essentiellement les spécifications des lexèmes en termes de structure conceptuelle et argumentale qui varient de langue à langue et qui entraînent la diversité syntaxique (cf. Hale et Keyser, 1987). Vérifier une telle hypothèse requiert des analyses très fines de la sémantique de lexèmes choisis pour leur fonction stratégique dans les constructions syntaxiques. C'est ce qu'entreprennent Juvénal Ndayiragije et Anne-Marie Brousseau.

Le premier étudie les emplois du verbe *bló* glosable par 'faire', en fɔngbè. Il contribue ce faisant au développement des connaissances sur les prédicats dits « légers », dont l'importance syntaxique s'est récemment révélée (cf. Kearns, 1988; Grimshaw et Mester, 1988). Brousseau, de son côté, s'attaque à l'analyse des instrumentaux en fɔngbè. Elle montre que les différentes réalisations syntaxiques des instruments reflètent les rôles qu'ils jouent dans l'événement dénoté par le verbe. Son article constitue ainsi un apport à la théorie de la sémantique lexicale.

Les articles contenus dans ce recueil contribueront donc à améliorer notre connaissance du fɔngbè. Toutefois, les thèmes choisis présentent un intérêt qui dépasse largement les particularités de cette langue. C'est ainsi que l'interaction entre les consonnes et les tons est pertinente pour la compréhension du système phonologique de toutes les langues tonales. L'harmonie vocalique est un phénomène répandu dans les langues du monde. Le clivage du prédicat se présente comme une construction syntaxique caractéristique de nombreuses langues d'Afrique de l'Ouest et des créoles antillais. Toutes les langues du monde permettent l'expression de l'injonction sous une forme ou sous une autre. Toutes, enfin, présentent évidemment des structures d'arguments susceptibles de variation.

BIBLIOGRAPHIE

CHOMSKY, N. – 1981, *Lectures on Government and Binding*, Dordrecht, Foris.

— 1986, *Barriers,* Cambridge, MA, MIT Press.

— 1989, « Some Notes on the Economy of Derivation and Representation », in *MIT Working Papers in Linguistics* 10: *Functional Heads and Clause Structure*, I. LAKA, et A. MAHAJAN (éds), p. 43-74, Cambridge, MA, MIT.

GRIMSHAW, J. et MESTER, A. – 1988, « Light Verbs and Theta-Marking », *Linguistic Inquiry*, 19, p. 205-232.

HALE, K. et KEYSER, J. – 1987, « A View from the Middle », *Lexicon Project Working Papers* 10, MIT Center for Cognitive Science, Cambridge, MA, MIT.

KAYE, J.D., LOWENSTAMM, J. et VERGNAUD, J.R. – 1990, « Constituent Structure and Government in Phonology », *Phonology* 7 (2), p. 1-31.

KEARNS, K. – 1988, « Light Verbs in English », ms., MIT.

LEFEBVRE, C. – 1986, « Relexification in Creole Genesis Revisited: the Case of Haitian Creole », in *Substrata Versus Universals in Creole Languages*, P. MUYSKEN et N. SMITH (eds), *Creole Language Library* 1, Amsterdam/Philadelphia, John Benjamins, p. 279-301.

LEFEBVRE, C. et LUMSDEN, J.S. – . 1989, « Les langues créoles et la théorie linguistique », *La revue canadienne de linguistique* 34 (3), p. 249–272.

LUMSDEN, J.S. et LEFEBVRE, C. – 1990, « Predicate Cleft Constructions and Why They Aren't What You Might Think », *Linguistics* 28 (4), p. 761-783.

LUMSDEN, J.S. – 1990, « The Bi-Clausal Structure of Haitian Clefts », *Linguistics* 28 (4), p. 741-760.

SINGLER, J. – Sous presse, « African Influence Upon Afro-American Language Varieties: A Consideration of Sociohistorical Factors », in *Africanisms in Afro-American Language Varieties*, S. MUFWENE (ed.), University of Georgia Press.

PHONOLOGIE

Anne-Marie BROUSSEAU

L'INTERACTION ENTRE CONSONNES ET TONS EN FƆNGBÈ : POUR UNE REPRÉSENTATION « TONALE » DU VOISEMENT *

1. INTRODUCTION

Dans la littérature sur les langues à tons, il a été souvent noté que différents types de consonnes peuvent influencer la réalisation des tons. Par exemple, Hyman et Schuh (1974) ont observé que les consonnes voisées ont tendance à abaisser les tons voisins, que les consonnes sourdes ont tendance à élever les tons voisins, et que les résonnantes n'ont guère d'influence sur la réalisation des tons. Halle et Stevens (1975) ont émis l'hypothèse que la réalisation des tons-accents (*pitch*), contrairement à l'accent d'intensité (*stress*), résulte de la tension des cordes vocales, et que le voisement des

---

* Cette recherche a été financée par des subventions accordées au projet sur la Genèse du créole haïtien par le CRSH et le FCAR. J'ai également bénéficié d'une bourse de doctorat du CRSH. Je tiens à remercier mes informatrices fɔn, Christiane Sodji et Dica Adotévi. Merci également à Joelle Brillon, avec qui j'ai mené certains travaux préliminaires à cette recherche. Merci enfin à Emmanuel Nikiema et Mohammed Guerssel pour les judicieux commentaires qu'ils ont apportés à une première version de cet article.

consonnes résulte également de cette tension (cf. aussi Haudricourt, 1954). Ils ont proposé les traits [+ cordes vocales tendues] (*[+ stiff vocal chords]*) et [+ cordes vocales relâchées] (*[+ slack vocal chords]*) pour remplacer respectivement les traits [– voisé] et [+ voisé]. Les occlusives et fricatives voisées ainsi que les voyelles à ton Bas sont ainsi [+ cordes vocales relâchées], alors que les occlusives et fricatives sourdes ainsi que les voyelles à ton Haut sont [+ cordes vocales tendues]. Les résonnantes et les voyelles à ton Moyen ont les valeurs négatives de ces deux traits. Kaye, Lowenstamm et Vergnaud (1990) ont adopté l'essentiel de cette hypothèse en intégrant les éléments L⁻ (pour *Low*) et H⁻ (pour *High*) dans la représentation des consonnes voisées et sourdes respectivement.

Le fɔngbè, une langue kwa parlée dans le sud du Bénin et du Togo, présente une telle interaction entre la réalisation des tons et la nature des consonnes adjacentes. L'examen des patrons tonals des mots monosyllabiques et bisyllabiques révèle qu'une consonne sourde peut être immédiatement suivie d'un ton Bas ou d'un ton Haut, mais qu'une consonne sonore peut être immédiatement suivie d'un ton Bas ou d'un ton modulé Bas-Haut. Il y a un lien évident entre la présence d'une consonne voisée et la présence d'un ton Bas. Le ton modulé Bas-Haut et le ton Haut sont ainsi en distribution complémentaire : Bas-Haut après une consonne voisée (1a), Haut après une consonne sourde (1b). Des formes contenant un ton Haut après consonne voisée (2a) ou un ton Bas-Haut après consonne sourde (2b) sont des formes impossibles en fɔngbè [1].

(1)	a.	vǐ	'enfant'	b.	xú	'os'
		ɖɔ̌	'goûter'		sɔ́	'prendre'
		gbǎ	'construire'		kpé	'rencontrer'
		àvǔn	'chien'		lìkún	'millet'
(2)	a.	*ví, *zɛ́		b.	*xǔ, *sǐ	
		*gbá, *bɔ́			*kpǔ, *tǎ	
		*àvún, *àdú…			*lìkǔn, *dètǐn…	

Les noms formés par réduplication d'un verbe révèlent également une interaction entre la distribution des tons et la qualité de voisement de consonnes adjacentes. Le ton du préfixe rédupliqué est le même que celui de la voyelle du radical (p. ex. (3a)), sauf si la consonne qui sépare les deux voyelles est une voisée. Dans ce cas, le préfixe porte un ton Bas (p. ex. (3b)), quel que soit le ton du radical.

(3)	a.	xìxà	<	xà	'lire, compter'	b.	gbìgbà	<	gbà	'détruire'
		tìtà	<	tà	'tamiser'		hìhèn	<	hèn	'tenir'
		sísɔ́	<	ɔ́	'prendre'		gbìgbá	<	gbǎ	'construire'
		xíxɛ́lɛ́	<	xɛ́lɛ́	'montrer'		jìjí	<	jǐ	'enfler'

---

[1] Je transcris mes données du fɔngbè dans l'orthographe recommandée par le gouvernement béninois. L'alphabet est très proche de l'alphabet phonétique ; seuls 9 segments ont une représentation différente (cf. Fandohan (1985)). Ainsi, h remplace ɣ ; c remplace č ; j remplace ǰ ; ny remplace ɲ. Les voyelles nasales sont suivies d'un n (p. ex. *an* remplace ã), sauf lorsqu'elles suivent immédiatement une consonne nasale. Puisqu'elles sont toujours nasalisées dans un tel contexte, leur qualité nasale n'est pas représentée dans l'orthographe (p. ex. *ma* équivaut à /mã/). Le ton Haut est représenté par un accent aigu et le ton Bas, par un accent grave. L'absence de ton sur une voyelle indique le ton Moyen.

Un troisième exemple de l'interaction ton-consonne implique le processus de propagation du ton Haut. Un ton Haut se propage sur les tons Bas à sa droite jusqu'à la fin de son domaine tonal (indiqué ci-dessous par des crochets), mais est bloqué par une consonne voisée.

(4)   a.   É   sà   xwé   ɔ́ → [É sâ] xwé ɔ́
            il   vendre maison DÉT
            'Il a vendu la maison.'

        b.   É   gbà   xwé   ɔ́ → [É gbà] xwé ɔ́
            il   détruire maison DÉT   * [É gbâ] xwé ɔ́
            'Il a détruit la maison.'

        c.   É   xɔ̀   àcú   tɔ̀n → [É xɔ̂] [àcú tɔ̂n]
            il   acheter chien   son
            'Il a acheté son chien.'

        d.   É   hὲn   àcú   tɔ̀n → [É hὲn] [àcú tɔ̂n]
            il   tenir   chien   son   * [É hên] [àcú tɔ̂n]
            'Il a tenu son chien.'

Ces faits peuvent recevoir une explication unifiée si l'on voit le voisement des consonnes et le ton Bas des voyelles comme deux manifestations d'un même élément. Suivant Kaye, Lowenstamm et Vergnaud (1985, 1990 ; désormais, KLV), j'adopterai cette idée : l'élément L⁻, défini par le trait [+ cordes vocales relâchées] est présent dans la représentation tant des consonnes voisées que des voyelles à ton Bas.

2. LA REPRÉSENTATION DES CONSONNES

Dans le cadre de la théorie du Charme et du Gouvernement de KLV, les segments sont constitués d'un élément ou d'une combinaison d'éléments. Chaque élément est défini par une matrice complètement spécifiée de traits, consistant en un ensemble de traits portant une valeur non marquée, les traits froids, et un et un seul trait portant une valeur marquée, le trait chaud. Le trait chaud d'un élément donné est le trait dont la valeur est contraire à la valeur que porte le même trait dans tous les autres éléments. Les éléments sont les primitifs des systèmes phonologiques. Ainsi, les processus phonologiques ne peuvent pas manipuler des traits phonologiques, mais seulement des éléments. Les traits ont essentiellement un rôle interprétatif : ils fournissent l'interprétation phonétique des éléments et, partant, des segments.

Lorsque les éléments se combinent pour former un segment, leurs matrices « fusionnent » en une matrice unique. La fusion implique deux éléments à la fois, une tête et un opérateur. Elle substitue la valeur du trait chaud de l'opérateur à la valeur que portait ce trait dans la matrice de la tête. La matrice résultante contient donc les mêmes valeurs de traits que la matrice de l'élément-tête, à l'exception du trait chaud de l'opérateur. Par exemple, le segment ɛ est obtenu par fusion de la tête I et de l'opérateur A, tel qu'illustré ci-dessous :

(5)

– arrondi	– arrondi	– arrondi
– <u>arrière</u>	+ arrière	<u>– arrière</u>
+ haut	<u>– haut</u>	<u>– haut</u>
– ATR	– ATR	– ATR
– bas	+ bas	– bas
– nasal	– nasal	– nasal
I°	A⁺	→	ɛ°

La fusion peut s'appliquer de façon itérative : la matrice résultant d'une première fusion devient la tête qui fusionne avec un second opérateur. C'est le cas par exemple de la fusion de ɛ et de ꟷ⁺ (élément + ATR) pour former e.

(6)

– arrondi	– arrondi	– arrondi
<u>– arrière</u>	+ arrière	<u>– arrière</u>
<u>– haut</u>	+ haut	<u>– haut</u>
– ATR	<u>+ ATR</u>	<u>+ ATR</u>
– bas	– bas	– bas
– nasal	– nasal	– nasal
ɛ°	ꟷ⁺	→	e⁺

L'ensemble des éléments nécessaires à la formation des voyelles et des consonnes (avec leur trait chaud) est minimalement le suivant [2].

(7)   *Éléments entrant dans la formation des segments*

A⁺	[– haut]	R°	[+ coronal]
I°	[– arrière]	ʔ°	[+ constriction]
U°	[+ arrondi]	φ°	[+ continu]
ꟷ⁺	[+ ATR]	B⁻	[+ cordes vocales relâchées]
N⁺	[+ nasal]	H⁻	[+ cordes vocales tendues]
v°	= voyelle froide (pas de trait chaud) ; élément d'identité		

Les élément – et, partant, les segments – sont également caractérisés par une valeur de charme ; c'est ce qu'indiquent les « + », les « – » et les « ° » dans la représentation ci-dessus. Le charme positif est la propriété d'activation maximale d'une cavité résonnante : A⁺, ꟷ⁺ et N⁺ correspondent respectivement aux cavités orale, pharyngale et nasale. Le charme négatif est une propriété des éléments dont le trait chaud implique l'état des cordes vocales, les éléments H⁻ (+ cordes vocales tendues) et B⁻ (+ cordes vocales relâchées). Ces éléments contrôlent le voisement (non spontané) des consonnes

---

[2] Du moins, dans l'état actuel de la théorie. D'autres éléments sont certainement nécessaires pour représenter les consonnes, notamment les uvulaires ou, en fɔngbè, les différents types de labio-vélaires (p. ex. *kp* et *gb* versus *kw* et *gw*). J'ai traduit par *B*⁻ l'élément *L*⁻ de KLV afin de rendre plus clair le parallèle entre les éléments de voisement L⁻ et H⁻ et les tons Bas et Haut.

et représentent les tons des voyelles ; les consonnes sourdes et les voyelles à ton Haut portent l'élément H⁻ alors que les consonnes voisées et les voyelles à ton Bas portent l'élément B⁻ [3]. L'élément ?° [+ constriction] est celui qui permet d'opposer les consonnes et les résonnantes aux voyelles, alors que l'élément φ° [+ continu] est l'élément propre aux fricatives. Dans la formation des consonnes, les éléments R° (propre aux consonnes), ainsi que I°, U° et v° (présents aussi dans la représentation des voyelles) identifient le point d'articulation, soit, respectivement : coronal, palatal, labial (arrondi) et vélaire.

La valeur de charme que porte un segment est celle de la tête de la combinaison, sauf si intervient un opérateur intrinsèque (comme ᴛ⁺ ou N⁺). L'opérateur intrinsèque a comme propriété de ne jamais pouvoir être la tête d'une combinaison et de contribuer sa valeur de charme en plus de son trait chaud. Il existe donc trois types de segments :

(8)   charme + = voyelles ATR, nasales et basses

           charme – = occlusives et fricatives non-stridentes

           charme ° = le reste (voyelles neutres, résonnantes, consonnes neutres)

Pour Kaye, Lowenstamm et Vergnaud, les valeurs de charme déterminent les positions syllabiques que peuvent occuper les segments, ainsi que les relations structurales entre ces positions. Ces relations sont régies par le gouvernement phonologique. Les segments charmés peuvent gouverner, alors que les segments sans charme peuvent être gouvernés. Il s'ensuit qu'une consonne donnée peut porter des valeurs de charme différentes selon sa position syllabique. Par exemple, le français a un [p°] neutre en position de gouverné (dans *adopter*) mais un [p⁻] charmé négativement en position de gouverneur (dans *alpin*). Le [p°] est neutre en ce qui concerne la tension des cordes vocales (comme une résonnante) alors que le [p⁻] charmé, qui contient l'élément H⁻, est défini comme [+ cordes vocales tendues]. Ainsi, dans le cadre de KLV, quatre ensembles de représentations des consonnes sont théoriquement possibles pour décrire une langue qui présente l'opposition voisée/sourde. Ces quatre possibilités sont illustrées ci-dessous pour les occlusives dentales. Dans cet article, je montrerai que le système du fɔngbè est celui de (9c) [4].

(9)   a.   B⁻   H⁻   b.   B⁻   H⁻   c.   B⁻   H⁻   d.   H⁻
           | | | | | | |
           R°   R°   R°   R°   R°   R°   R°   R°   R°
           | | | | | | | | |
           ?°   ?°   ?°   ?°   ?°   ?°   ?°   ?°   ?°
           | | | | | | | | |
          [d⁻] [t⁻] [t°]   [d⁻] [t⁻]   [d⁻] [t°]   [d°]   [t⁻]

---

[3] En fait, comme je le montrerai à la partie 4, il est nécessaire de postuler que les éléments définis en terme de tension des cordes vocales n'ont pas la même valeur de charme en fɔngbè selon qu'il apparaissent dans la représentation d'une consonne ou d'une voyelle.

[4] Les représentations des consonnes en éléments données dans cet article sont parfois approximatives, sauf en ce qui concerne évidemment le niveau supérieur où se situent les éléments de voisement et les tons. Elles sont également simplifiées : les valeurs de charme des éléments ne sont pas toujours indiquées, et l'élément qui constitue la tête de la combinaison n'est pas identifié.

3. LE TON MODULÉ BAS-HAUT

Dans cette partie, j'examine la distribution complémentaire entre ton Haut (après consonne sourde) et ton Bas-Haut (après consonne voisée ou résonnante). Je proposerai que le ton Bas-Haut est issu de la propagation de l'élément B de la consonne sur le ton H de la voyelle à sa droite, ce qui implique la présence de l'élément B dans la représentation des résonnantes comme dans celle des obstruantes voisées. Je montrerai que l'analyse alternative où le ton Bas-Haut est engendré comme tel ne peut être retenue. Et ce, quelle que soit la représentation de la qualité de voisement des consonnes qu'on adopte (élément B dans les voisées ou élément H dans les sourdes).

Le fɔngbè dispose de cinq tons phonétiques : Haut, Bas, Bas-Haut, Haut-Bas et Moyen (que j'abrégerai H, B, BH, HB et M respectivement). Les tons sont présents dans la représentation phonologique des items lexicaux. Les mots monosyllabiques portent soit un ton H soit un ton B. Ces deux tons de base peuvent être modifiés après insertion lexicale. Les tons Moyen et Haut-Bas (descendant) ne sont pas des tons lexicaux. Comme nous le verrons à la partie 4, le ton HB est le résultat de la propagation de ton H sur un ton B. Il apparaît ainsi sur la dernière syllabe à ton B d'un domaine tonal, suite à la propagation du ton H [5].

(10) a.   É sà àsɔ́n lɛ̀   →   [É sâ] [àsɔ́n lɛ̂]   'Il a vendu les crabes.'

b.   àsá-mɛ̀   →   àsá-mɛ̂   'aine' ('cuisse-intérieur')

Le ton M est une réalisation alternative, dans certains contextes, pour un ton modulé (montant ou descendant) [6].

Contrairement aux tons HB et M qui sont des tons dérivés, le ton BH peut apparaître comme ton lexical, c'est-à-dire qu'il peut apparaître dans un mot monosyllabique en isolation. Il ne s'agit pourtant pas d'un ton phonologique puisque sa réalisation est fonction d'un segment adjacent. En effet, le ton BH est toujours en distribution complémentaire avec le ton H : sa réalisation est tributaire de la qualité de voisement de la consonne qui le précède. Il apparaît à la suite d'une consonne voisée (incluant l'implosive /ɗ/ et les résonnantes) mais jamais d'une consonne sourde, comme le montrent les exemples suivants :

(11) a.   vǐ   'enfant'   b.   xú   'os'
         gbǎ   'construire'   kpé   'rencontrer'
         àzě   'maléfice'   àsɔ́n   'crabe d'eau douce'
         àgǔ   'purée d'igname'   lìnkún   'millet'

c.   *ví, *gbá,* àzé, *àgú ...   d.   *xǔ, *kpě, *àsɔ̌n, *lìnkǔn ...

---

[5] Les processus modifiant les tons, comme la propagation de ton Haut, doivent s'appliquer à l'intérieur d'un domaine tonal en fɔngbè. Je reviendrai sur cette notion à la partie 4.

[6] Certains locuteurs prononcent en effet un ton M à la place de la modulation HB ; leur réalisation des formes en (10) ci-dessus, après propagation du ton H, est comme ci-dessous.

a.   [É sâ] [àsɔ́n   lɛ̂]   →   [É sa] [àsɔ́n lɛ]
     'Il a vendu les crabes.'

b.   àsá-mɛ̂   →   àsá-mɛ   'aine' (cuisse-intérieur)

Je ne traiterai pas de ce phénomène dans le cadre de cet article.

Cette distribution trouve une explication directe si l'on propose que le ton B de la modulation BH provient de la consonne précédente. C'est dire que les consonnes voisées du fɔngbè sont [+ cordes vocales relâchées] et portent l'élément B. L'élément B se propage sur la voyelle à sa droite pour dériver le ton BH. Cette propagation est obligatoire, ce qui exclut la possibilité en fɔngbè de formes où un ton H suit une consonne sonore comme *ví, gbá*, etc.[7].

(12)   a.

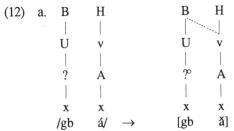

Les résonnantes et l'implosive /ɖ/ se comportent comme les occlusives et fricatives voisées. Elles sont suivies par un ton BH et non pas un ton H :

(13)   a.   wǎ   'arriver'   b.   àwě   'malheur'
            lǒ   'crocodile'   àlǐn 'foie'
            mǎ   'légume'   ànǎ   'pont'
            ɖě   'langue'   àɖǐ   'savon'

       c.   *wá, *ló,* má, *ɖɛ́ ...   d.   *àwé. *àlín, *àná, *àɖí ...

Les résonnantes du fɔngbè doivent donc contenir, elles aussi, l'élément B⁻. Cela contredit les propositions de Halle et Stevens (1975) et de KLV pour qui l'élément B⁻ est responsable du voisement *non-spontané* seulement (celui des obstruantes voisées), et pour qui les résonnantes sont à la fois [– cordes vocales relâchées, – cordes vocales tendues]. Si ces auteurs ont raison, il n'y a pas d'élément B⁻ dans la représentation des résonnantes, et on doit trouver une autre source au ton BH. Dans le cas des bisyllabes comme en (13b), le ton B de la modulation pourrait être issu de la propagation du ton B de la voyelle de la syllabe précédente. Mais cette option n'est évidemment pas disponible pour les monosyllabes comme en (13a)[8].

---

[7] Cela n'implique pas que de telles formes soient exclues dans toutes les langues à tons qui ont des consonnes voisées portant un élément B. Les langues varient quant aux éléments qui sont impliqués par le processus de propagation. Par exemple, l'élément nasal d'une consonne se propage toujours sur la voyelle à sa droite en fɔngbè : on trouve ainsi par des formes comme /mā/ mais par des formes comme /ma/. Or, cette propagation n'est pas tenue de s'appliquer en français ou en anglais.

[8] En fait, peut-être le serait-elle dans le cas des noms. En effet, les noms (non composés) du fɔngbè comportent souvent une première syllabe *à* qui est probablement un reliquat d'un système de classification nominale plus riche exprimée au moyen de préfixes – système encore visible dans les langues proches comme le gen-mina. Il est possible de penser que le contenu vocalique de certains de ces préfixes a disparu, mais que le contenu tonal est encore présent. Un nom comme *mǎ* 'légume' aurait ainsi un préfixe constitué seulement d'un ton B, qui se réaliserait sur la voyelle à sa droite. Cette explication ne pourrait toutefois pas tenir dans le cas des verbes, puisque ceux-ci n'ont jamais (et jamais eu) de

Si le ton B de la modulation ne provient pas de la consonne ou de la résonnante précédente, la seule façon d'obtenir le ton BH est de l'engendrer comme tel. Les représentations de base de *gbǎ* et *wǎ* seraient alors comme en (14a) et (14b) respectivement. Et, puisque rien n'empêche d'engendrer à la base un ton BH à droite d'une consonne sourde, la représentation en (14c) est une représentation de base possible pour la forme *xú*.

```
(14) a.  B   B H        b.        B H        c.          B H
         |   \ /                  \ /                     \ /
         v    v                 v   v                 ϕ    v
         |    |                 |   |                 |    |
         U    v                 U   v                 v    U
         |    |                 |   |                 |    |
         ?    A                 ?   A                 ?    ?
         |    |                 |   |                 |    |
         x    x                 x   x                 x    x
        /gb   ǎ/               /w   ǎ/               /x    ǔ/
```

Cette hypothèse s'avère toutefois problématique pour expliquer la distribution du ton BH. En effet, une forme comme [*xú*] n'est pas attestée en fɔngbè. Le ton BH est réalisé tel quel lorsqu'il est précédé d'une consonne voisée (spontanément ou non), mais il doit être simplifié en un ton H lorsqu'il est précédé par une consonne sourde.

La question est maintenant la suivante : qu'est-ce qui caractérise une consonne sourde en contraste avec une voisée et avec une résonnante ? Plus précisément, qu'est-ce qu'une sourde peut avoir – que les autres types de consonnes n'ont pas – et qui empêche la réalisation de BH ? La répone évidente est : l'élément H⁻. Cet élément doit empêcher l'association du ton B de la modulation de la voyelle suivante. Posons l'existence d'une contrainte sur l'association des « éléments tonals » en fɔngbè, où le terme « élément tonal » réfère aux deux éléments définis en terme de tension des cordes vocales, soit B et H :

(15)   Une syllabe ne peut porter que deux éléments tonals au maximum.

Pour respecter cette contrainte, le ton BH serait réduit à un ton H dans une syllabe comportant plus de deux éléments tonals. Les résonnantes, puisqu'elles ne comportent pas d'élément tonal, permettraient la réalisation BH (cf. (16a)). Les obstruantes sourdes, avec leur élément H⁻, entraîneraient une violation de la contrainte (cf. (16b)).

```
(16) a.       B H              b.  *      H    B H
              \ /                         |    \ /
          v    v                          ϕ     v
          |    |                          |     |
          U    v                          v     U
          |    |                          |     |
          ?    A                          ?     ?
          |    |                          |     |
          x    x                          x     x
         /w    ǎ/                        /x     ǔ/
```

---

forme avec préfixe. Voir Wiesemann (1991) pour des arguments supplémentaires contre cette hypothèse d'un préfixe tonal.

Il y a maintenant deux façons possibles d'expliquer que les obstruantes voisées n'entraînent pas de violation de la contrainte en (15). La première fait appel au « Principe de modulation obligatoire » (*Obligatory Contour Principle*, désormais OCP) de Leben (1973), cité dans Goldsmith (1976), qui stipule que « au niveau mélodique de la grammaire, deux tonèmes adjacents doivent être distincts » (p.36). Pour respecter l'OCP, la forme *gbǎ* ne doit contenir qu'un seul élément B, associé à la fois à la consonne et à la voyelle, tel qu'illustré en (17a). Il n'y a donc pas de violation de la contrainte en (15) dans ce cas, puisque la syllabe ne contient que deux éléments tonals. La seconde possibilité est de réviser la représentation adoptée jusqu'ici pour les obstruantes voisées. Celles-ci seraient en fait des consonnes à voisement spontané, comme les résonnantes. Comme ces dernières, elles ne contiendraient pas d'élément B dans leur représentation, tel qu'illustré en (17b).

(17)   a.

b.

Quelle que soit l'option adoptée, (17a) ou (17b), cette explication est problématique à plus d'un titre. D'abord, la contrainte fixant à deux le nombre maximal de tons sur une syllabe est une stipulation qui n'est pas justifiée indépendamment en fɔngbè [9]. Ensuite, il faudrait expliquer pourquoi /xǔ/ devient [xú] plutôt que [xù], c'est-à-dire pourquoi la simplification de BH dans une forme comme celle illustrée en (16b) ci-dessus entraîne la perte du ton B (cf. (18a)) et non celle du ton H (cf. (18b)).

(18)   a.   H   B H   H   H   b. * H   B H   H   B

φ   v   φ   v   φ   v   φ   v

v   U   v   U   v   U   v   U

?   v   ?   v   ?   v   ?   v

x   x   x   x   x   x   x   x

/x   ǔ/   →   [x   ú]   /x   ǔ/   →   [x   ù]

---

[9] En fait, dans le cadre de KLV (1985), une telle stipulation ne peut même pas être exprimée, puisque ceux-ci rejettent de façon convaincante l'existence d'un constituant Syllabe pour ne conserver que les constituants Attaque et Rime.

Enfin, puisque cette explication exige la présence de l'élément H⁻ dans la représentation des consonnes sourdes, il faudrait également spécifier que cet élément H⁻, contrairement à l'élément H des voyelles (cf. Partie 4), NE SE PROPAGE PAS sur une voyelle adjacente. Cela pour empêcher, par exemple, la réalisation * [kpâ] à partir de /kpà/ 'peler', tel qu'illustré ci-dessous.

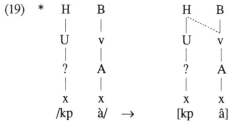

Chacune des deux options illustrées par les formes en (17) pose également ses problèmes. Si l'on adopte l'option illustrée en (17b), la distinction entre résonnantes et obstruantes voisées est évacuée. Or, c'est précisément pour sauvegarder cette distinction que j'ai remis en cause ma première analyse où l'élément B de la consonne voisée se propageait sur la voyelle. Enfin, si l'on adopte l'option illustrée en (17a), l'explication tient crucialement au fait que l'élément B de la consonne et l'élément B de la voyelle constituent deux éléments IDENTIQUES au sens de la définition de l'OCP. Or, l'analyse de la propagation du ton Haut (voir partie 4) montre que ces deux éléments doivent, au contraire, être des éléments DISTINCTS pour l'OCP.

C'est pourquoi je m'en tiendrai à ma première proposition, à savoir que le ton B de la modulation BH provient bel et bien de l'élément B⁻ de la consonne, en proposant également que les résonnantes comportent, elles aussi, l'élément B⁻. Plutôt que telle qu'en (14b), la représentation de *wǎ* serait ainsi comme celle de *gbǎ* en (12), et l'impossibilité d'une forme *sǒ* viendrait tout simplement du fait qu'aucune consonne avec un élément B⁻ n'est présente pour propager un ton B sur la voyelle.

Je réévaluerai toutefois les deux hypothèses sur la représentation des consonnes examinées jusqu'ici, à la lumière de l'influence qu'ont les consonnes sur les tons dans la dérivation des formes rédupliquées.

4. LE TON DU PRÉFIXE DE RÉDUPLICATION

La processus de réduplication permet de dériver à partir d'un verbe un nom (action/résultat de V) ou un adjectif (état de V) bisyllabique. Les formes ci-dessous illustrent ce processus à partir de verbes à ton B (20a) et à ton H (20b).

(20) a. ɖìɖà   <   ɖà   'préparer'   b.   ɖìɖɔ́   <   ɖɔ̌   'goûter'
          gbìgbà <   gbà   'détruire'   bìbló   <   blǒ   'fabriquer'
          xìxà   <   xà   'lire, compter'   sísɔ́   <   sɔ́   'prendre'
          lìlì   <   lì   'repasser'   nìná   <   nǎ   'donner'
          yìyì   <   yì   'partir'   wìwá   <   wǎ   'venir'

Cette règle de structuration de mots peut être schématisée de la façon suivante :

(21)   *Réduplication* : [[C$_i$ i]$_{[+N]}$ [C$_i$V]$_{[-N, +V]}$] {N, A}

Autrement dit, cette règle préfixe à la base verbale une syllabe formée de la consonne initiale de ce verbe et de la voyelle /i/ [10], et positivise le trait syntaxique [–N] de la base.

Dans cette partie, je proposerai une analyse de la réduplication en terme de propagation vers la gauche du contenu phonétique du radical. Je montrerai que le ton du préfixe vient de la propagation du premier élément tonal du radical. Je rejetterai tour à tour les autres processus qui pourraient expliquer la provenance du ton du préfixe, soit le copiage du ton du radical, la propagation du ton de la consonne du préfixe (après copiage) et l'insertion d'un ton épenthétique. Je montrerai également que le mécanisme de copiage n'est pas impliqué dans la dérivation des formes rédupliquées en fɔngbè. Mon analyse implique la présence de l'élément B dans la représentation des obstruantes voisées et des résonnantes ainsi que l'absence de l'élément H dans la représentation des consonnes sourdes.

Je présente la réduplication comme un type de préfixation à la lumière de l'analyse de Marantz (1982). En effet, celui-ci définit la réduplication comme un « processus morphologique reliant une base à une forme dérivée, forme pouvant être analysée comme étant construite via l'affixation (ou l'infixation) d'un matériel phonémique nécessairement identique en tout ou en partie à celui de la base » (p. 437, traduit par moi).

Plus précisément, ce qu'opère le processus de réduplication, c'est « l'affixation d'un morphème squelettal de type C-V [11] à un radical et l'association d'une copie de la couche segmentale du radical au squelette de l'affixe » (p.440, traduit par moi). La seule différence entre la réduplication et les autres formes d'affixation est donc que, dans le premier cas, le préfixe n'est spécifié phonologiquement que pour la « forme » que prendra le matériel copié de la base, le contenu segmental de ce matériel étant précisément obtenu par copiage. Mais comment ce copiage procure-t-il un ton à la première syllabe ?

Rappelons que ce ton est toujours un ton B sauf si le radical a une voyelle à ton H et une consonne initiale sourde. Les résonnantes rejoignent dans ce contexte les occlusives et fricatives voisées en ce qu'elles dérivent un préfixe à ton B, quel que soit le ton de la voyelle du radical. Pour résumer :

(22)   a.   H   →   H-H :   tí-tέ
        b.   BH →   B-H :   gbì-gbá, nì-ná, wì-wέn, ɖì-ɖɔ́ [12]
        c.   B   →   B-B :   tì-tà, zì-zὲ, mì-mɔ̀, yì-yì, ɖì-ɖà

---

[10] Le processus de réduplication en fɔngbè effectue une réduplication partielle. Le préfixe de réduplication a toujours la forme /Ci/, même si la base verbale comporte plus d'une syllabe :

(a)   títέrέ   <   tέrέ   wìwànlǎn   <   wànlǎn

[11] Ou plutôt, traduit dans le cadre adopté ici, une série de points de squelette associés à des constituants Attaque et Rime.

[12] Dans le processus de réduplication, le ton modulé BH du radical (c.-à-d. le ton dérivé par propagation de l'élément B de la consonne sonore sur le ton H de la voyelle) est simplifié en H. L'analyse de la

Pour en revenir au processus de copiage, Marantz le précise comme suit : le contenu complet du radical est copié dans la position de l'affixe squelettal. Puis, les segments sont associés un à un aux points du squelette en respectant les contraintes et conditions de bonne formation propres à la théorie autosegmentale (association de gauche à droite, de façon biunivoque), et les segments en trop sont éliminés. Tout segment préassocié à l'affixe a préséance sur l'association des segments copiés. En fɔngbè, le fait que la voyelle du préfixe soit la voyelle /i/ et non pas la première voyelle du radical implique, selon l'analyse de Marantz, que ce /i/ est déjà associé à la deuxième position du squelette. Toujours selon cette approche – que je rejetterai plus loin au profit d'une analyse en terme de propagation –, le seul segment copié associé au préfixe, en associant de gauche à droite, est la première consonne du radical, tel qu'illustré par la dérivation de *gbì-gbá* ci-dessous.

(23)

Deux hypothèses peuvent être écartées d'office quant à la provenance du ton de la première syllabe. D'une part, la voyelle ne peut être préassociée avec son ton parce qu'on s'attendrait alors à ce que ce ton soit toujours le même sur la première syllabe, ce qui ne correspond pas aux données de (20) et (22). D'autre part, le ton ne peut non plus être hérité par copie du radical, c'est-à-dire par association du ton de la copie du radical à la voyelle préassociée. À partir d'un radical à ton H, on aurait en effet un seul patron tonal H-H, quel que soit le type de consonne, et non pas le patron B-H de (22b). Le mécanisme de copie apparaît donc insuffisant pour conférer un ton à la première syllabe de la réduplication.

Il faut alors que le ton du préfixe de réduplication soit obtenu par propagation. Et puisque, encore une fois, il y a interaction entre le type de consonne et le ton, il faut s'attendre à ce que ce ton puisse provenir de la consonne. À partir de l'output de la réduplication tel qu'en (23), deux consonnes sont des candidates possibles à la propagation du ton : celle de la première syllabe (copiée), à gauche de /i/, et celle de la deuxième syllabe (consonne du radical), à sa droite. Admettons que le ton provienne de la consonne copiée du préfixe. Cela explique que le ton du préfixe est B lorsque la consonne porte un élément B, soit une voisée ou une résonnante.

---

réduplication que je retiendrai finalement permet de rendre compte de ce fait, alors que les autres analyses que j'envisagerai doivent prendre pour acquis soit que cette simplification est tributaire de la réduplication, soit que le ton B de la consonne ne s'est pas encore propagé sur la voyelle au moment où le processus de réduplication s'applique.

(24)

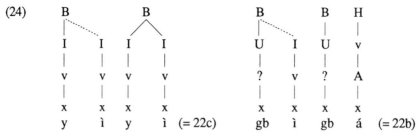

y   ì   y   ì   (= 22c)   gb   ì   gb   á   (= 22b)

Toutefois, la dérivation s'avère problématique lorsqu'il s'agit de consonnes sourdes. Et ce, que l'on représente celles-ci en incluant un élément H⁻ ou non. Si l'élément H⁻ est présent, on pourra dériver correctement les formes en (22a) comme *tí-té* mais pas celles en (22c) comme *tì-tà* :

(25)

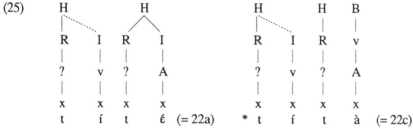

t   í   t   έ   (= 22a)   * t   í   t   à   (= 22c)

Par contre, si l'élément H est absent, on ne pourra greffer un ton à la première syllabe qu'en insérant un ton épenthétique. Ce ton épenthétique doit évidemment être un ton B puisque l'insertion d'un ton H aurait les mêmes résultats que (25). Mais à l'inverse de ci-dessus, l'insertion d'un B épenthétique (représenté <B> ci-dessous) ne permettra pas de dériver les formes en (22a) comme *tí-té* mais seulement celles en (22c) comme *tì-tà* :

(26)

```
        <B>              H                    <B>              B
         |               |                     |               |
     R   I   R   I                         R   I   R   v
     |   |   |   |                         |   |   |   |
     ?   v   ?   A                         ?   v   ?   A
     |   |   |   |                         |   |   |   |
     x   x   x   x                         x   x   x   x
    * t   ì   t   έ   (= 22a)           t   ì   t   à   (= 22c)
```

Le ton de la voyelle du préfixe ne peut donc venir que du radical, c'est-à-dire par propagation de la droite vers la gauche. Mais qu'est-ce qui empêche justement l'élément tonal de la première consonne de se propager ? La réponse à cette question n'est possible que si l'on remet d'abord en cause tout le processus de copiage dans la dérivation des formes rédupliquées du fɔngbè.

Nous avons vu que le ton du préfixe de réduplication doit être obtenu par propagation. Le mécanisme de copiage est donc superflu pour attribuer un ton au préfixe. En outre, il s'avère que la voyelle du préfixe, /i/, est précisément la voyelle épenthétique en fɔngbè. Cette voyelle est en effet celle qui est insérée dans les mots empruntés à la suite d'une syllabe fermée ou pour briser un groupe consonantique, de manière à respecter le caractère strictement CV du fɔngbè (par exemple, *sákì*, du français *sac*). Cela suggère que le contenu vocalique du préfixe n'est pas non plus obtenu par copiage.

Je propose donc plutôt de considérer que le contenu segmental de la première position du préfixe est obtenu par propagation du contenu segmental de la consonne du radical, tel qu'illustré en (27a). Suite à cette propagation, il n'est pas possible de propager le contenu segmental de la voyelle sans entraîner une violation de la condition de bonne formation sur les représentations autosegmentales selon laquelle les lignes d'association ne peuvent se croiser (27b). La seule façon de donner un contenu segmental au deuxième point du préfixe est donc l'insertion d'une voyelle épenthétique, /i/, comme en (27c) [13].

(27)   a.

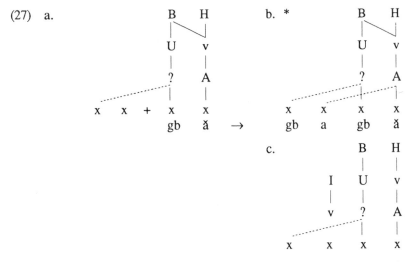

Maintenant, la voyelle /i/ doit obtenir un ton. Comme le montre la représentation (27), la seule source possible de cette propagation est le radical puisque la consonne du préfixe n'a pas de contenu distinct. Le ton associé au préfixe sera ainsi le premier élément tonal du radical qui peut se propager sans croiser une ligne d'association. Dans le cas des consonnes sourdes, ce ton est celui de la voyelle (28b). Dans le cas des consonnes voisées et des résonnantes, qui comportent un élément B, ce ton est celui de la consonne (28a) :

---

[13] Cette analyse présuppose que l'insertion d'une voyelle épenthétique ne viole pas la contrainte selon laquelle les lignes d'association ne peuvent se croiser. Cela ne me semble pas problématique si l'on admet qu'une voyelle épenthétique est une voyelle qui peut être interprétée phonétiquement par défaut, comme c'est le cas tant dans la théorie de KLV que dans la théorie de la géométrie des traits.

(28)   a.
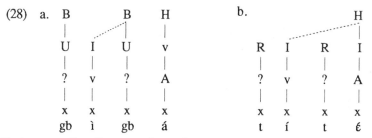

Ceci permet d'expliquer que les radicaux verbaux à ton BH sont réalisés avec un seul ton, le ton H, dans la forme rédupliquée. En effet, des formes rédupliquées comme en (29) où le radical conserve sa modulation ne sont pas attestées en fɔngbè.

(29)   * ɖìɖɔ̌ < ɖɔ̌
       * bìblǒ < blǒ
       * nìnǎ < nǎ
       * wìwǎ < wǎ

Si le ton B du préfixe de réduplication vient de la consonne du préfixe ou encore s'il s'agit d'un ton B épenthétique, on s'attend à ce que le radical conserve sa modulation. Par contre, si le ton B du préfixe est celui de la consonne du radical, comme je le propose ici, cette perte du ton B du radical trouve son explication : la consonne sonore propage son élément B sur la voyelle à sa gauche et ne peut donc plus le propager sur la voyelle à sa droite. Cette dernière est alors réalisée avec un simple ton H.

Cette analyse de la réduplication repose crucialement sur l'absence d'un élément H⁻ dans la représentation des consonnes sourdes. La présence de cet élément poserait le problème discuté plus haut : elle dériverait la forme exclue *títà comme en (25) ci-dessus, à la seule différence que le ton proviendrait cette fois de la droite plutôt que de la gauche. Le fait que le ton provienne de la droite, c'est-à-dire dans la direction inverse à celle qui régit la propagation de ton H, par exemple, ne me paraît pas problématique. Le ton qui se propage est le ton le plus à gauche. C'est parce que l'affixe de réduplication est un préfixe que cette identification s'opère de la droite vers la gauche [14].

Les dérivations en (28) reflètent directement la généralisation que l'on peut formuler à partir des formes en (20) et (22) : le ton du préfixe est H ou B, comme celui de la voyelle du radical, si la consonne qui intervient est sourde (sans élément tonal), mais le ton est B si la consonne est voisée (comportant un élément B). Cette analyse de la réduplication confirme l'hypothèse que j'adopte quand à la représentation du voisement

---

[14] Ou peut-être s'agit-il là d'une instance de « gouvernement propre », selon les termes de Kaye, Lowenstamm et Vergnaud (1990), c'est-à-dire de gouvernement et d'identification d'une position vide. Sur la couche tonale, la position dominant la voyelle épenthétique est en effet vide. Et si, comme je le propose dans Brousseau (1991), le gouvernement opère de droite à gauche, l'identification du ton de cette voyelle (le gouverné) ne peut se faire que par un gouverneur adjacent à sa droite. L'étude des relations de gouvernement dans une langue où la réduplication ajoute un suffixe ou un infixe permettrait d'étayer cette idée.

dans les consonnes du fɔngbè (cf. (9c)). Les résonnantes doivent ici avoir le même type de représentation que les consonnes voisées, incluant l'élément B : c'est en effet la structure en (28a) qui permettra de dériver correctement *nì-ná, wì-wέn, ɖì-ɖɔ́*, etc. Cela confirme l'analyse proposée à la partie précédente pour la dérivation de la modulation BH, selon laquelle les résonnantes ont le même type de représentation que les consonnes « non spontanément » voisées.

5. LE VOISEMENT ET LA PROPAGATION DE TON HAUT

Dans cette partie, j'examine l'interaction entre la propagation du ton H et la qualité de voisement des consonnes que cette propagation doit traverser. Cela m'amènera à proposer l'existence de deux éléments B qui se distinguent par leur valeur de charme : l'élément B⁻ des obstruantes voisées et l'élément B° des voyelles et des résonnantes.

La propagation de ton H est l'un des trois processus qui modifient les tons lexicaux des mots lorsque ceux-ci sont concaténés dans une phrase ou dans un mot composé. Le ton H se propage de gauche à droite jusqu'à la fin du domaine tonal. Lorsqu'il cesse de se propager, il forme un ton modulé HB avec le ton B de la dernière syllabe du domaine. Dans les phrases simples, la séquence formée du NP sujet, des marqueurs de Temps/Aspect et du verbe constitue un tel domaine tonal (le complément du verbe est à l'extérieur du domaine), tel qu'illustré en (30) [15].

(30) a. É sà   tè   lὲ   → [É sâ] tè lὲ
          il vendre igname PLUR
          'Il a vendu les ignames.'

     b. É kò   xɔ̀   àsɔ́n → [É kó xɔ̂] àsɔ́n
          il PERF   acheter   crabe
          'Il a acheté du crabe.'

La forme en (30b) est dérivée comme ci-dessous. Le ton H se propage sur la première voyelle à ton B. Puis, pour permettre au ton H de se propager sur la deuxième voyelle sans croiser de ligne d'association, le ton B que portait cette voyelle est désassocié. Le ton H se propage alors sur la deuxième voyelle, qui conserve son ton B lexical puisque la propagation ne continue pas plus loin (fin du domaine). La deuxième voyelle est donc réalisée HB.

---

[15] Les domaines tonals coïncident d'une certaine manière avec des domaines syntaxiques ou morphologiques. Je ne présenterai pas un éventail complet de ces domaines ; les exemples présentés ici sont suffisants pour illustrer le point qui m'occupe (voir toutefois Brousseau, 1991).

(31)

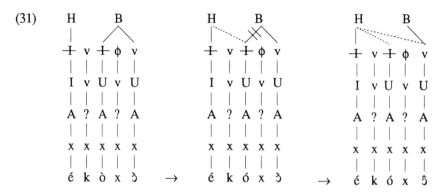

Un mot, simple ou composé, constitue également un domaine tonal. Un domaine tonal est une séquence de lexèmes où les processus modifiant les tons lexicaux doivent s'appliquer. Ces processus ne peuvent traverser une frontière de domaine.

(32)　a.　àkɔ́n-tà　→　àkɔ́n-tâ　　　　tronc-tête
　　　　　　　　　　　　　　　　　　　　'poitrine'

　　　b.　ànɔ̀ - sìn　→　ànɔ̀ - sîn　　　sein-eau
　　　　　　　　　　　　　　　　　　　　'lait maternel'

　　　c.　àzé-xɛ̀　→　àzé-xɛ̂　　　　sorcellerie-oiseau
　　　　　　　　　　　　　　　　　　　　'hibou'

La propagation du ton H est sensible à la qualité des consonnes qu'elle doit traverser. Le ton peut se propager à travers une consonne sourde, tel qu'illustré en (31), mais sa propagation est bloquée par une occlusive ou fricative voisée, comme le montrent les exemples suivants :

(33)　a.　É　gbà　　xɔ̀　lɛ̀　　→　[É gbà] xɔ̀ lɛ̀
　　　　　il　démolir　case　PLUR　　　* [É gbâ] xɔ̀ lɛ̀
　　　　　'Il a démoli des cases.'

　　　b.　É　kò　zɛ̀　　nàkí　→　[É kô zɛ̀] nàkí
　　　　　il　PERF　fendre　bois　　* [É kó zɛ̀] nàkí
　　　　　'Il a fendu du bois.'

Avec la représentation des consonnes que j'ai adoptée jusqu'ici, ce qui distingue les consonnes voisées des sourdes est la présence d'un élément tonal, l'élément B. Il est raisonnable de penser que c'est cet élément qui bloque la propagation de ton H. En effet, pour se propager sur la voyelle à ton B à sa droite, le ton H devra croiser la ligne qui associe le ton B de la consonne aux autres éléments de la représentation de celle-ci. Et si, contrairement au ton B d'une voyelle comme en (31), l'élément B d'une consonne ne peut pas se désassocier, le ton H ne pourra pas se propager à travers la consonne sans entraîner un croisement des lignes d'association. La dérivation ci-dessous de la forme (33b) illustre cette situation.

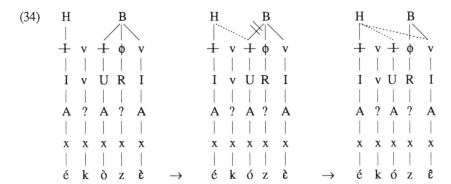

Mais pourquoi l'élément B d'une consonne ne peut-il pas se désassocier ? Autrement dit, en quoi l'élément B d'une consonne (non désassociable) diffère-t-il de l'élément B d'une voyelle (désassociable) ? La différence réside dans le fait que l'élément B est partie intégrante de la représentation de la consonne ; cet élément confère à la consonne sa qualité de voisement. Si cet élément est désassocié, la consonne voisée perd précisément sa qualité de consonne voisée. En effet, comme les consonnes sourdes sont représentées en fɔngbè SANS élément tonal (elles ne portent pas d'élément H), la perte de l'élément B fera que la voisée sera interprétée comme une consonne sourde. Ainsi, si l'élément B se désassociait, *gbà* serait réalisé *kpà*, *zὲ* serait réalisé *sὲ*, etc. Par contre, l'élément tonal n'est pas partie intégrante de la représentation des voyelles. Un *a* reste un *a*, même si le ton qui le domine est désassocié.

Cette explication m'amène à modifier quelque peu la représentation illustrée en (34) ci-dessus, en ce qui a trait à l'application de l'OCP. En effet, dans cette représentation, les éléments B de la consonne *z* et de la voyelle *ὲ* ne constituent qu'un seul élément B avec une double ligne d'association (triple, en incluant la première voyelle *o*). Cette représentation est forcée par l'OCP si les deux éléments sont identiques. Cela pose le problème suivant : la désassociation d'UN MÊME ÉLÉMENT B est parfois possible (association aux voyelles), parfois impossible (association à la consonne). Autrement dit, le mécanisme de désassociation doit être capable d'identifier si l'élément B est partie intégrante de la représentation du segment ou non, s'il est associé de façon « rigide » ou non aux autres éléments de représentation. Cela exige l'existence de deux types de lignes d'association, résultat qui me semble peu satisfaisant.

Il faut donc que l'élément B de la consonne et l'élément B de la voyelle soient des éléments distincts en ce qui concerne l'OCP, de façon à rester distincts dans la représentation. Or, on peut raisonnablement considérer ces deux éléments comme distincts s'ils portent des valeurs de charme différentes. L'élément de voisement des consonnes est à charme négatif (B⁻), alors que l'élément qui confère son ton à une voyelle est sans charme (B°) [16]. La dérivation en (34) sera ainsi modifiée comme ci-

---

[16] Le comportement de l'objet direct en regard du domaine tonal offre un argument supplémentaire pour considérer les éléments B⁻ et B° comme distincts. L'objet direct est à l'extérieur du domaine tonal du

dessous. La propagation de ton H entraîne la désassociation d'un élément B° mais non celle d'un élément B⁻. La propagation ne peut donc pas traverser une consonne voisée.

(35)

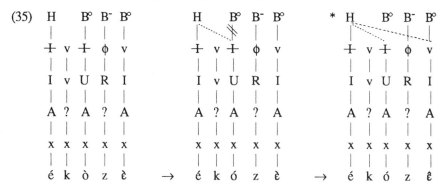

En regard de la propagation de ton H, les résonnantes se comportent comme les consonnes sourdes : elles laissent passer cette propagation, comme le montrent les exemples suivants :

(36) a. É kò nɔ̀ tà   lìnfín → [É kó nɔ́ tâ] lìnfín
          il PERF HAB tamisait farine
          'Il avait l'habitude de tamiser la farine.'

      b. É ɖù   tè   ɔ́ → [É ɖû] tè ɔ́
          il manger igname DÉT
          'Il a mangé l'igname.'

      c. É lì   mɔ̀lìnkún   → [É lî] mɔ̀lìnkún
          il écraser riz
          'Il a écrasé du riz.'

---

verbe, mais le domaine est élargi pour contenir l'objet lorsque celui-ci est un monosyllabe à ton B (comparer (a) à (30a) plus haut) :

(a)   É sà   tè   → [É sá tê]
      il vendre igname
      'Il a vendu de l'igname.'

J'ai proposé (voir Brousseau, 1991) de considérer que cet élargissement est forcé par la contrainte en (b), le domaine tonal étant défini comme en (c).

(b)   Tout ton doit appartenir à un domaine tonal.

(c)   Un domaine tonal est formé d'au moins : (1) deux tons ; ou (2) un ton-gouverneur (le ton H).

Puisque le ton B° n'est pas un gouverneur, il ne peut constituer un nouveau domaine que si le ton B⁻ de la consonne compte également pour un ton en regard de la contrainte (b). Si, au contraire, ces deux éléments tonals sont considérés identiques par l'OCP et réduits à un seul lorsqu'ils sont adjacents, l'objet monosyllabique à ton B ne pourra pas constituer son propre domaine tonal, et on ne pourra pas empêcher qu'il soit incorporé au domaine précédent

(37) a. àsá-mὲ   →   àsá-mȇ   'aine'   (cuisse-intérieur)

      b. jǐ-wù   →   jǐ-wȗ   'imperméable'   (pluie-vêtement)

      c. xó-ɖìɖɔ̀   →   xó-ɖíɖɔ́   'discours'   (parole-dit)

Or, si les résonnantes portent un élément B⁻ dans leur représentation, comme je l'ai proposé tout au long de cet article, on s'attend au contraire à ce qu'elle soient opaques à la propagation, à l'instar des consonnes voisées. Puisque la propagation passe effectivement à travers une résonnante, force est d'en conclure que l'élément B⁻ peut être désassocié dans ce cas. Et que le résultat de cette désassociation n'affectera pas de façon drastique l'interprétation de la résonnante. Cela n'est pas surprenant, puisque les résonnantes sont précisément les consonnes dont le voisement peut être spontané. La perte du B⁻ de *l*, *m* ou *w* ne se traduit donc pas par la perte du voisement mais plutôt par une nouvelle qualité de voisement : le voisement spontané.

L'élément de voisement des résonnantes contraste ainsi avec celui des consonnes (B⁻), mais s'apparente à l'élément tonal des voyelles (B°) : il peut être désassocié, et la désassociation ne modifie pas de façon drastique l'interprétation du segment. J'en conclus que l'élément de voisement des résonnantes est l'élément sans charme, B°. La forme en (36c) est donc dérivée comme suit [17] :

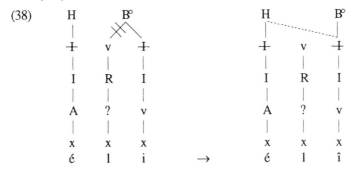

6. CONCLUSION : LA REPRÉSENTATION DES CONSONNES DU FƆNGBÈ

En résumé, la qualité de voisement des consonnes du fɔngbè est représentée comme suit : les occlusives et fricatives voisées sont des consonnes à voisement non spontané

---

[17] Une résonnante qui a perdu son élément B° se retrouve alors avec la même représentation qu'une consonne sourde, c'est-à-dire sans aucun élément tonal. Il faudra donc postuler l'existence dans la théorie d'un nouvel élément, responsable du voisement spontané, de façon à rendre compte de la distinction entre consonnes sourdes et résonnantes. Cet élément m'apparaît nécessaire par ailleurs pour une langue comme le français qui, selon l'analyse de KLV (1990), présente des consonnes sourdes neutres (le *p* de *adopter*, par exemple) qui ont la même représentation que les résonnantes. Dans un cadre théorique différent, plusieurs auteurs ont formalisé la différence entre les deux types de voisement. Piggott (1989) et Rice et Avery (1989), notamment, ont proposé un noeud *Spontaneous Voice* pour les résonnantes, distinct du noeud *Laryngeal* qui définit le voisement non spontané des consonnes.

comportant l'élément B⁻ (cf. (39a)), alors que les consonnes sourdes sont neutres quant au voisement, donc sans élément H⁻ ni B⁻ (cf. (39b)). Quant aux résonnantes, elles ont une représentation de base qui contient un élément de voisement sans charme, l'élément B°, mais elles peuvent perdre cet élément pour être alors interprétées comme des consonnes à voisement spontané (cf. (39c)) :

(39) a. B⁻   b.   c. B⁻
         | |
         R°   R°   ʔ   ʔ
         | | | |
         ʔ   ʔ   R°   R°
         | | | |
         x   x   x   x
        [d⁻]   [t°]   [l⁻]   [l°]

J'ai eu recours à deux représentations différentes pour expliquer que ces consonnes se comportent comme des voisées dans la dérivation du ton BH des simples et du ton B du préfixe de réduplication, mais comme des sourdes en laissant se propager le ton H. Pour être plus précis, la représentation de base des résonnantes comporte l'élément B°. Autrement dit, ces consonnes sont des voisées, définies par les traits [+ cordes vocales relâchées] et [– cordes vocales tendues]. Dans les contextes où l'élément B° fait obstacle à un processus forcé de s'appliquer par ailleurs – la propagation du ton H – cet élément peut être supprimé. Les résonnantes sont alors réalisées phonétiquement comme des consonnes neutres, définies par les traits [– cordes vocales relâchées, – cordes vocales tendues]. Cette suppression ne pourrait pas être effectuée dans les consonnes à voisement non-spontané – les occlusives et fricatives voisées – sans modifier profondément ces consonnes : les /gb/ et /z/ deviendraient des /kp/ et des /s/.

Des études instrumentales permettraient de vérifier cette hypothèse. Elles devraient montrer que les résonnantes qui laissent se propager le ton H ont une fréquence fondamentale moins basse que celles qui ont conservé leur élément B°. En l'absence de telles données, deux types de faits soutiennent indirectement mon hypothèse. Premièrement, les jugements des informateurs varient quant à la transparence/opacité des résonnantes. D'une fois à l'autre, pour une même phrase, un même locuteur peut effectuer la propagation du ton H par-dessus une résonnante ou arrêter la propagation à cette résonnante. En outre, les résonnantes ne sont pas toutes au même point de bonnes candidates à la suppression du ton B° : les vélaires sont le plus facilement sujettes à cette suppression, alors que les labiales sont les plus résistantes [18]. Deuxièmement, la distinction entre l'implosive /ɗ/ et l'occlusive /d/ est souvent neutralisée dans les simples mais cette distinction est rarement perdue dans les contextes de propagation du ton H, c'est-à-dire lorsque l'élément B° a été supprimé.

---

[18] En fait, il y a une corrélation plus générale entre le point d'articulation des consonnes et les tons. Une consonne labiale a pour effet d'abaisser légèrement le ton qui la suit, alors qu'une vélaire a pour effet de rehausser légèrement le ton qui suit. Ainsi, la réalisation la plus « haute » d'une voyelle est une voyelle à ton H précédée de la consonne /k/.

BIBLIOGRAPHIE

BROUSSEAU, A.-M. – 1991, « Domaines et relations de gouvernement dans les processus tonals du fɔngbè », *Recherches linguistiques de Vincennes*, 20, p. 93-112.

FANDOHAN, I.A. – 1985, *Nuwlansɛn yɔyɔ fɔnmɛ tɔn lɛ [Nouveaux principes d'écriture du fɔn]*, Cotonou : Commission nationale des langues.

GOLDSMITH, J. – 1976, « An Overview of Autosegmental Phonology », *Linguistic Analysis* 2 (1), p. 23-67.

HALLE, M. et STEVENS, K.N. – 1975, « A Note on Laryngeal Features », in *QPR* no 101, p. 198-214.

HAUDRICOURT, A.G. – 1954, « De l'origine des tons en vietnamien », *Journal asiatique* 242 p. 69-82.

HYMAN, L.M. et SCHUH , R.G. – 1974, « Universal of Tone Rules: Evidence from West Africa », *Linguistic Inquiry* 5 (1), p. 81-115.

KAYE, J.D., LOWENSTAMM, J. et VERGNAUD, J.R. – 1985, « The Internal Structure of Phonological Elements: A Theory of Charm and Government », *Phonology Yearbook* 2, p. 305-328.

— 1990, « Constituent Structure and Government in Phonology », *Phonology* 7 (2), p.1-31.

LEBEN, W.R. – 1973, « Suprasegmental Phonology », Thèse de doctorat, Cambridge, MA, MIT.

MARANTZ, A. – 1982, « Re Reduplication », *Linguistic Inquiry* 13 (3), p. 435-483.

PIGGOTT, G. – 1989, « Variability in Feature Dependency », ms., McGill University.

RICE, K. et AVERY, P. – 1989, « On the Interaction between Sonorancy and Voicing », *Toronto Working Papers in Linguistics* 10.

WIESEMANN, U. – 1991, « Tone and Intonational Features in Fɔn », *Linguistique Africaine* 7, p. 65-90.

Maxime da CRUZ et Aimé AVOLONTO

UN CAS D'HARMONIE VOCALIQUE EN FƆNGBÈ

1. INTRODUCTION

Les travaux sur le fɔngbè [1] révèlent deux types d'harmonie vocalique (cf. Guédou 1976 ; Akoha 1980). Dans cet article, nous traiterons une de ces formes d'harmonie et nous proposerons une analyse du phénomène dans deux cadres théoriques différents, afin de voir lequel apporte le plus grand nombre de solutions intéressantes.

Guédou (1976) écrit : « Le deuxième type d'harmonie vocalique [...] a lieu dans la construction grammaticale suivante : Sujet – Verbe (Radical Verbal) – Pronom Personnel Objet (PO) ». On considère traditionnellement que le pronom personnel objet de 3e personne est /è/, qui devient /i/, /è/, /in/, /èn/ [2]... selon la nature de la voyelle du radical verbal, comme l'illustrent les exemples en (1) :

---

[1] Le *fɔngbè* 'langue fɔn' fait partie du sous-groupe kwa de la branche Niger-Congo, selon la classification de J. Greenberg. Il appartient plus précisément au continuum-*gbè* qui comprend, entre autres, le ajá, le gun, le ayízɔ, le tɔfin, le maxí, le gɛn, le xweɗá, le saxwɛ, le xulà, le kotafɔn... Le fɔngbè compte sept voyelles orales /i, e, ɛ, a, ɔ, o, u/ et cinq voyelles nasales /in, ɛn, an, ɔn, un/. C'est une langue à syllabes ouvertes.

[2] Nous utilisons ici l'orthographe en vigueur au Bénin. Ainsi, par exemple, une voyelle nasale sera représentée par la consonne *n* postposée à la correspondante orale de ladite voyelle. Par ailleurs, une voyelle orale suivant une consonne nasale est automatiquement nasalisée ; dans ce dernier cas, on n'aura pas besoin de noter le *n* de nasalisation.

(1) a. Kɔkú   sí   è [3] →   Kɔkú   sí   ì
         Koku   respecter le
         'Koku l'a respecté.'

     b. Kɔkú   sú   è   →   Kɔkú   sú   ì
         Koku   fermer   le
         'Koku l'a fermé.'

     c. Kɔkú   sìn   è   →   Kɔkú   sìn   ìn [4]
         Koku   attacher le
         'Koku l'a attaché.'

     d. Kɔkú   zùn   è   →   Kɔkú   zùn   ìn
         Koku   insulter le
         'Koku l'a insulté.'

     e. Kɔkú   tɛ́   è   →   Kɔkú   tɛ́   è
         Koku   étaler   le
         'Koku l'a étalé.'

     f. Kɔkú   xɔ̀   è   →   Kɔkú   xɔ̀   è
         Koku   acheter le
         'Koku l'a acheté.'

     g. Kɔkú   sɛ́n   è   →   Kɔkú   sɛ́n ɛ̀n
         Koku   couper   le
         'Koku l'a coupé.'

     h. Kɔkú   tɔ́n   è   →   Kɔkú   tɔ́n ɛ̀n
         Koku   perforer le
         'Koku l'a perforé.'

     i. Kɔkú   zɛ́   è   →   Kɔkú   zɛ́   è
         Koku   prendre le
         'Koku l'a pris.'

     j. Kɔkú   ɖó   è   →   Kɔkú   ɖó   è
         Koku   planter le
         'Koku l'a planté.'

     k. Kɔkú   tá   è   →   Kɔkú   tɛ́   è
         Koku   allumer le
         'Koku l'a allumé.'

     l. Kɔkú   gàn   è   →   Kɔkú   gɛ̀n ɛ̀n
         Koku   aiguiser le
         'Koku l'a aiguisé.'

---

[3] Nous devons préciser que l'étude des tons n'est pas pertinente pour cet article, étant donné que les règles d'harmonie dégagées ici n'influencent en rien leur comportement.

[4] Il existe aussi un phénomène d'harmonie nasale dans la langue. Mais nous ne pouvons en aborder l'étude ici, ledit phénomène étant beaucoup plus large que celui que nous traitons en ce moment.

Mais ces modifications ne se produisent pas chaque fois qu'un verbe est suivi d'un élément commençant par une voyelle. Ainsi, on n'observe pas de phénomène d'harmonie vocalique dans des contextes comme ceux-ci :

(2)   a.   Báyí   mɔ̀   éyɛ
           Bayi   voir   lui
           'Bayi l'a vu lui.'

      b.   Báyí   sí   éɖe
           Bayi   respecter   elle-même
           'Bayi s'est respectée.'

      c.   Báyí   xò   éyɛ
           Bayi   frapper lui
           'Bayi l'a frappé lui.'

      d.   Àsíbá   ɖɔ̀   Báyí   blɛ́   émi
           Asiba   dire   Bayi   tromper lui
           'Asiba a dit que Bayi l'a trompée.'

      e.   Báyí   hù   éɖe
           Bayi   tuer   elle-même
           'Bayi s'est tuée (suicidée).'

La raison qui nous paraît justifier cette situation est que le processus d'harmonie vocalique est limité au pronom clitique ; *émi, éyɛ, éɖe*, par exemple, en sont exclus, étant donné qu'ils sont ce qu'on peut appeler des « pronoms forts ».

Le verbe et le pronom clitique sont dans un rapport de stricte adjacence ; la preuve en est fournie par le caractère non grammatical des phrases suivantes :

(3)   a. * Kɔkú   sí   ganjí   ì
           OK Kɔkú   sí   ì   ganjí
           Koku   respecter le   bien
           'Koku l'a bien respecté.'

      b. * Kɔkú   xò   égbe   è
           OK Kɔkú   xò   è   égbe
           Koku   acheter   le   aujourd'hui
           'Koku l'a pris aujourd'hui.'

En effet, le pronom clitique dépend du verbe avec lequel il forme un domaine d'harmonie. Ainsi, le phénomène peut être récapitulé dans le tableau suivant :

(4)   a.   i   – pronom objet →   ii
      b.   u   – pronom objet →   ui
      c.   in   – pronom objet →   iin
      d.   un   – pronom objet →   uin
      e.   ɛ   – pronom objet →   ɛɛ
      f.   ɔ   – pronom objet →   ɔɛ
      g.   ɛn   – pronom objet →   ɛɛn
      h.   ɔn   – pronom objet →   ɔɛn
      i.   a   – pronom objet →   ɛɛ
      j.   a   – pronom objet →   ɛɛn

      k.   e – pronom objet →   ɛɛ

      l.   o – pronom objet →   ɔɛ

Dans le cadre de la présente étude, nous allons traiter de cette harmonie entre le pronom objet dit de troisième personne du singulier (cf. Houis 1977) et le radical verbal dans la construction grammaticale « sujet – verbe (radical verbal) – pronom objet ». Nous proposerons une interprétation des changements phonologiques qui interviennent dans lesdites constructions. L'analyse se fera dans deux cadres théoriques différents : celui de la Sous-spécification d'une part, et celui du Charme et du Gouvernement d'autre part. Nous présenterons d'abord le système des voyelles du fɔngbè. Puis, nous critiquerons l'hypothèse selon laquelle la forme du pronom clitique est /è/. Enfin, nous déterminerons les types d'harmonie auxquels nous avons affaire, et nous montrerons la dérivation du processus d'harmonisation.

2. L'HARMONIE DANS LE CADRE DE LA THÉORIE DE LA SOUS-SPÉCIFICATION

Selon Clements (1985), Sagey (1986), McCarthy (1988) et d'autres, les segments consistent en un ensemble de noeuds de classe, hiérarchiquement organisés, qui dominent en retour des noeuds terminaux ou traits. Bien que les traits sous-jacents et les valeurs des traits puissent varier d'une langue à l'autre, la position structurale des traits ne devrait pas varier. Ainsi, selon Clements (1990), nous pourrions retenir comme arbre pour les voyelles ce qui suit :

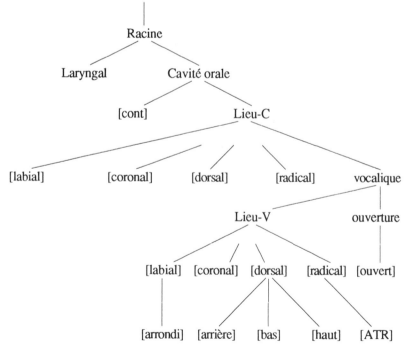

Dans cet arbre, Lieu-C représente le nœud des points d'articulation des consonnes, alors que Lieu-V représente celui des voyelles. Les traits qui sont associés au même nœud se comportent comme une unité, tandis que ceux qui sont associés à des nœuds différents sont indépendants les uns des autres (cf. Tourville 1989).

Il y a longtemps que l'utilisation des traits pour rendre compte des faits phonologiques a pris le pas sur les segments en tant qu'unités phonologiques. À partir de la métrique d'évaluation proposée par Chomsky et Halle (1968), Archangeli (1988) soutient que le but de la sous-spécification est de dériver, au moyen de règles, seulement les traits distinctifs et les spécifications relatives aux traits. On ne retrouve dans le lexique que les propriétés idiosyncratiques des traits, non dérivables par règle. Ainsi, on peut définir la sous-spécification comme étant la présence de segments non spécifiés en sous-jacence qui persistent au cours de la dérivation. Pour la sélection des traits, Archangeli considère que, contrairement à la sous-spécification inhérente et à la spécification contrastive, la sous-spécification radicale est théoriquement et empiriquement appuyée. Dans cette théorie proposée par Kiparsky (1982), Archangeli (1984), Pulleyblank (1986), Archangeli et Pulleyblank (1989), ce sont uniquement les traits non prédictibles qu'on représente dans la forme sous-jacente. Une valeur est considérée comme prédictible si elle peut être insérée au moyen de règles dépendantes ou non du contexte.

Nous traiterons l'harmonie à laquelle nous avons affaire ici comme un type de propagation. Certains principes contraignent cette propagation. Parmi ceux que nous adoptons, il y a celui-ci : « Un élément (x) ne peut se propager que vers une position non spécifiée pour (x). » (Pigott 1990 p.6, traduit par nous.) Donc, c'est parce qu'il y a sous-spécification en un point donné qu'un trait peut se propager en ce point.

Au premier abord, le système des voyelles du fɔngbè se présente comme suit :

Tableau 1. — Système des voyelles du fɔngbè

	i	e	a	o	u	ɔ	ɛ
Haut	+	−	−	−	+	−	−
Bas	−	−	+	−	−	−	−
Arrière	−	−	−	+	+	+	−
ATR	+	+	−	+	+	−	−

Partant de la théorie de la sous-spécification proposée par Archangeli (1988), nous allons réduire ce tableau. Pour cela, nous utiliserons plus particulièrement la théorie de la sous-spécification radicale qui soutient que la représentation du système est basée sur la « prédictibilité » des traits. Dans le cadre de cette théorie, les traits non spécifiés sont ceux de la voyelle épenthétique. À partir des traits de cette voyelle, on déterminera les traits des autres voyelles qui doivent être sous-spécifiés.

En fɔngbè, nous avons, avec la réduplication verbale et les mots d'emprunt, des indices qui nous autorisent à considérer /i/ comme la voyelle épenthétique.

Dans cette langue, en effet, il existe des contextes qui entraînent le redoublement du radical verbal. Celui-ci consiste en la copie du premier phonème consonantique et en l'insertion de *i* :

    (5)   a.   wá   'venir'   →   wiwá   'la venue, le fait de venir'

           b.   bló   'faire'   →   bibló   'le fait de faire, fait'

           c.   zὲ   'fendre'   →   zizὲ   'le fait de fendre, fendu'

           d.   sὲ   'entendre'   →   sisὲ   'le fait d'entendre, entendu'

Pour les mots d'emprunt, nous pouvons citer les exemples suivants : *sákì* (du français 'sac'), *glásì* (du français 'glace'), *bákì* (du français 'bac'), etc. Rappelons que le fɔngbè est une langue dont la structure syllabique est de type CV. C'est la raison pour laquelle, lorsqu'on a par exemple des mots français comme 'sac' ou 'glace', il est nécessaire d'ajouter un noyau vocalique, ce qui donne respectivement [sákì] et [glásì].

Le système vocalique sous-spécifié sera donc représenté comme suit :

Tableau 2. — Système vocalique sous-spécifié

	i	*e*	*a*	*o*	*u*	*ɔ*	*ɛ*
Haut	–	–	–		–		–
Bas			+				
Arrière				+	+	+	
ATR	–					–	–

Les cases vides sont celles dans lesquelles se trouvent les valeurs de traits qui sont sous-spécifiées dans le système vocalique du fɔngbè ; ces cases seront remplies grâce aux règles de redondance que nous préciserons plus tard.

Or, si l'on considère que la forme sous-jacente du pronom clitique est /è/, il devient impossible de rendre compte de tous les types d'harmonie auxquels on a affaire. En effet, dans les contextes comme /i + e/ et /u + e/, [+ haut] sera un des traits qui se propagent, étant donné qu'on devra dire que le pronom clitique /è/ devient /ì/. La propagation s'effectuant d'un élément spécifié à un élément non spécifié dans le cadre que nous adoptons, [+ haut] doit être spécifié. Or, /i/ est [+ haut]. Dans ces circonstances, on ne peut rendre compte des séquences /i + i/ et /u + i/ : la valeur du trait de hauteur étant spécifiée pour la voyelle qui représente le pronom clitique, la propagation de la valeur du trait de hauteur de *i* aurait comme conséquence l'existence de deux valeurs différentes pour le trait de hauteur de /è/. En effet, après propagation, /e/ serait en même temps [– haut] et [+ haut], occasionnant ainsi la violation du principe cité plus haut.

Il faut donc se demander quelle peut être la représentation sous-jacente du pronom clitique. Nous savons qu'il apparaît sous la forme des voyelles [i, ɛ, e]. Or, on voit que [ɛ] remplit également la condition qui a conduit au rejet de [e], à savoir que sa valeur du trait de hauteur est déjà spécifiée. Il nous reste donc à examiner le cas de [i].

La voyelle [i] présente l'avantage d'être celle dont les valeurs de traits sont non spécifiées. Elle peut ainsi recevoir la valeur de trait que propage vers elle la voyelle du radical verbal. Nous adoptons donc le tableau réduit 2, qui peut être complété grâce aux règles de redondance ci-après :

(6)   [   ]   →   + haut
             [   ]   →   – bas
             [   ]   →   – Arrière
             [   ]   →   + ATR

2.1.   L'HARMONIE VOCALIQUE EN FƆNGBÈ

Le type d'harmonie vocalique que nous analysons se produit donc dans les combinaisons que nous avons présentées en (5). Nous pouvons en rendre compte de la façon suivante :

<u>i + i</u>

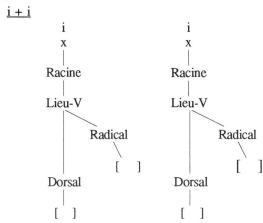

→ i + i

Ici, on n'observe aucun changement au niveau des deux voyelles qui partagent les mêmes valeurs de traits. Ces deux voyelles récupèrent leurs traits après l'application des règles de redondance.

<u>u + i</u>

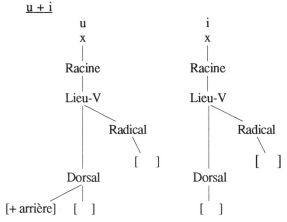

→ u + i

Ici, on n'observe aucun changement au niveau des deux voyelles qui partagent les mêmes valeurs pour les traits qui se propagent. Avec l'application des règles de redondance, ces deux voyelles récupèrent leurs traits communs.

ɔ + i

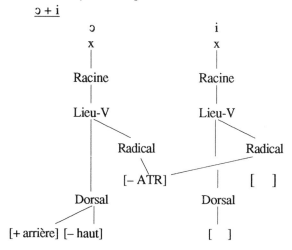

→ ɔ + ɛ

La voyelle /ɔ/ propage son trait [– ATR] vers /i/ dont le trait [+ ATR] est non spécifié. Elle propage également son trait [– haut] vers /i/ dont le trait [+ haut] est non spécifié.

ɛ + i

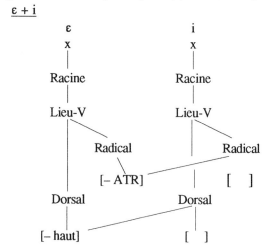

→ ɛ + ɛ

La voyelle /ɛ/ propage son trait [– ATR] vers /e/ dont le trait [+ ATR] est non spécifié. Elle propage également son trait [– haut] vers /i/ dont le trait [+ haut] est non spécifié.

a + i

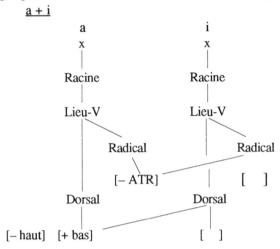

→ ɛ + ɛ

Dans ce contexte, nous avons également affaire à la propagation des traits [– ATR] et [– haut] de la voyelle du radical verbal vers le pronom personnel objet. La différence est ici que la voyelle qui propage son trait [– ATR] est [+ bas], tandis que /a + i/ devient /ɛ + ɛ/. Nous pouvons rendre compte de cette modification de deux façons ; ou bien il y a un processus de propagation régressive du trait [– bas] de [i] vers le noeud dorsal de [a], ou bien il y a interdépendance entre le processus de propagation de [– ATR] et le trait [– bas].

La première solution est exclue parce que le trait [– bas] est non spécifié dans le système, et que, par hypothèse, seuls les traits spécifiés se propagent. La seconde solution n'est pas très bonne parce que, dans l'arbre, il est difficile de faire une connexion entre [ATR] et [bas] ; pour cela, il faut remonter jusqu'à Lieu-V. Le fait que [+ bas] se change en [– bas] est donc indépendant du fait que [– ATR] se propage. Sinon, nous devons alors nous poser la question de l'adéquation de notre arbre. Donc, en ce qui concerne la séquence /a + i/, si la théorie de la sous-spécification permet de bien rendre compte de la modification du pronom clitique, elle ne donne en revanche aucune explication crédible du changement de [a] en [ɛ].

Avec les contextes (4k) et (4l), on a ce qui suit :

e + i

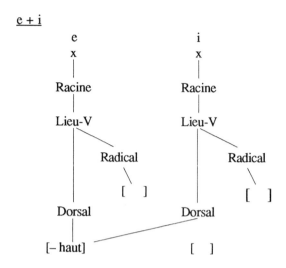

→ e + e

La voyelle /e/ du radical verbal propage son trait [– haut] vers /i/ dont le trait [+ haut] est non spécifié.

o + i

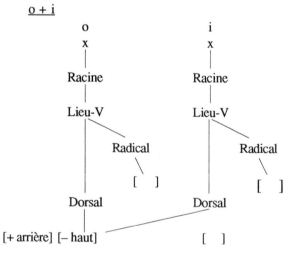

→ o+ e

La voyelle /o/ du radical verbal propage son trait [– haut] vers /i/ dont le trait [+ haut] est non spécifié.

En résumé, nous avons affaire à une harmonie des traits de Hauteur et ATR. Dans le contexte [a + i], outre cette harmonie, on note la perte du trait [+ bas] de [a]. À l'étape actuelle, nous n'avons pas d'analyse crédible pour rendre compte de ce phénomène. Nous avons traité l'harmonie comme un type de propagation, et nous avons proposé la sous-spécification des traits de la voyelle [i] afin de respecter les principes qui contraignent la propagation. Les données que nous avons présentées montrent que les règles d'harmonie de hauteur et ATR dégagées plus haut s'appliquent autant aux voyelles orales qu'aux voyelles nasales. Nous allons maintenant proposer la deuxième analyse du type d'harmonie que nous venons de traiter, dans une autre approche théorique, celle du « Charme et du Gouvernement »

3. L'HARMONIE DANS LA THÉORIE DU CHARME ET DU GOUVERNEMENT

3.1.   LE CADRE THÉORIQUE

La théorie qui servira de base à cette seconde analyse est celle de Kaye, Lowenstamm et Vergnaud (1985), désormais KLV. Dans ce cadre, contrairement à ce qu'ont postulé Chomsky et Halle (1968), les traits n'ont qu'un rôle d'interprétation phonétique des éléments. Par contre, c'est l'élément lui-même, indivisible, seul ou en combinaison avec d'autres éléments, qui est l'acteur impliqué dans les phénomènes et qui définit ainsi les processus phonologiques.

Selon KLV, la grammaire universelle met à la disposition des grammaires individuelles trois éléments de base qui sont des matrices de traits entièrement spécifiées et à partir desquels on forme les systèmes vocaliques des langues particulières. Il s'agit de I, U et A dont les représentations sont données en (8).

(7)   I   U   A

$$
\begin{bmatrix} - \text{ arrondi} \\ - \underline{\text{arrière}} \\ + \text{ haut} \\ - \text{ ATR} \\ - \text{ bas} \end{bmatrix}
\quad
\begin{bmatrix} + \underline{\text{arrondi}} \\ + \text{ arrière} \\ + \text{ haut} \\ - \text{ ATR} \\ - \text{ bas} \end{bmatrix}
\quad
\begin{bmatrix} - \text{ arrondi} \\ + \text{ arrière} \\ - \underline{\text{haut}} \\ - \text{ ATR} \\ + \text{ bas} \end{bmatrix}
$$

Chacun de ces éléments est défini comme ayant une et une seule valeur marquée (soulignée en (8)). La valeur marquée d'un élément est dite son trait chaud. Ainsi, les traits chauds des éléments de base I, U et A sont respectivement ARRIÈRE ARRONDI et HAUT. À ces trois éléments constitutifs de l'alphabet de base de tout système vocalique viennent s'ajouter la voyelle froide, qui est définie comme n'ayant aucun trait chaud, et l'élément ATR qui a pour trait chaud + ATR. Les matrices qui leur correspondent sont respectivement :

(8)   v   ɪ

$$
\begin{bmatrix} - \text{ arrondi} \\ + \text{ arrière} \\ + \text{ haut} \\ - \text{ ATR} \\ - \text{ bas} \end{bmatrix}
\quad
\begin{bmatrix} - \underline{\text{arrondi}} \\ + \text{ arrière} \\ + \text{ haut} \\ + \underline{\text{ATR}} \\ - \text{ bas} \end{bmatrix}
$$

La combinaison de deux éléments est la formation d'une expression consistant en une tête et un opérateur. Dans l'expression ainsi constituée, la tête est à droite de l'opérateur. Le segment issu d'une combinaison a les même valeurs de traits que la tête, sauf pour la valeur du trait chaud de l'opérateur. En effet, l'opérateur substitue la valeur de son trait chaud à la valeur du même trait de la tête. Ainsi, par exemple, pour l'expression AU où U est la tête, on aura :

(9)

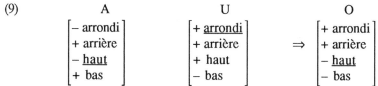

Chacun des éléments primitifs sera représenté sur une ligne horizontale dont l'étiquette est celle de son trait chaud [5]. À cet ensemble de lignes horizontales vient s'ajouter un ensemble de lignes verticales reliant les éléments à une ou plusieurs positions de la séquence constituant le squelette.

« Il n'est pas rare, dans les langues du monde, que les lignes ARRIÈRE et ARRONDI soient confondues. » (cf. Kaye et Lowenstamm 1984). C'est justement l'un des paramètres qu'applique le fɔngbè. Aussi, pouvons-nous dériver le système des voyelles orales du fɔngbè comme suit :

(10)

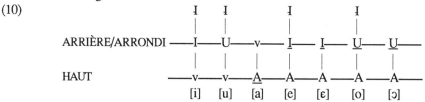

Par ailleurs, les éléments sont caractérisés par une valeur de charme. Pour les voyelles, on a le charme positif qui est la propriété d'activation maximale d'une cavité résonante et le charme neutre qui est une absence de charme. Ainsi, les éléments A et ATR sont de charme positif (notés A^+ et I^+), et les élélments I, U, v sont de charme neutre (notés $I°$, $U°$ et $v°$).

Le segment obtenu par suite d'une combinaison porte la valeur de charme de la tête, sauf si un opérateur intrinsèque intervient [6]. Pour Kaye, Lowenstamm et Vergnaud, les positions des segments de même que les relations structurales de ces positions sont déterminées par les valeurs de charme. Par ailleurs, selon ces auteurs, c'est la notion de gouvernement phonologique qui régit ces relations entre les positions. Aussi ne verra-t-on jamais un segment de charme neutre en gouverner un de charme positif [7].

---

[5] Précisons ici que ni la voyelle froide (simple élément d'identité) ni l'élément ATR ne sont représentés sur une ligne.

[6] L'opérateur intrinsèque est un élément qui ne peut jamais être la tête d'une combinaison : par exemple I dans KLV. Ces éléments substituent donc les valeurs de leur trait chaud et de leur charme à celles de la tête.

[7] Nous reviendrons sur ce point.

On parvient ainsi à dériver toutes les voyelles des langues naturelles en choisissant des paramètres sur la combinaison des éléments. L'un des paramètres entrant par exemple dans la dérivation du système vocalique du fɔngbè est celui selon lequel tous les segments doivent être partiellement charmés [8]. Ainsi en fɔngbè, deux éléments de charme neutre ne peuvent pas à eux seuls donner un segment.

Le cadre ainsi défini, quelles réponses apporter aux différentes questions ici posées, à savoir : quelle est la nature réelle du pronom objet de la troisième personne du singulier, et quelle forme d'harmonie se réalise entre ce pronom et la voyelle finale du radical verbal ?

3.2.   LA FORME DU PRONOM OBJET EN FƆNGBÈ

L'identité du pronom en termes d'éléments serait celle-ci :

(11)

Lorsque la voyelle finale du verbe est [i] ou [u], on aurait donc :

(12) a.

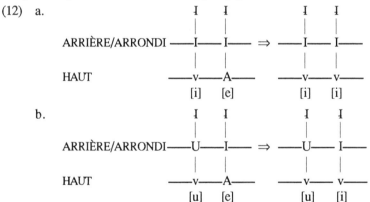

b.

En (12a) tout comme en (12b), le pronom objet perd son élément A, ce qui donne une réalisation [i].

Lorsque la voyelle finale du verbe est ou [e] ou [o], voici quel serait le résultat de son adjacence avec le pronom :

---

(13) a.

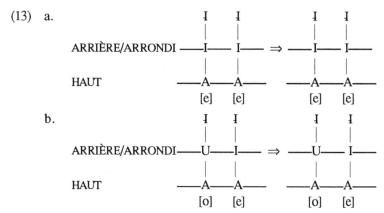

b.

Ici, rien ne se passe en termes de perte d'éléments. Chacun des segments réalisés conserve les mêmes éléments qu'il avait au départ. Par contre, dans les exemples suivants, le pronom perd son élément ATR :

(14) a.

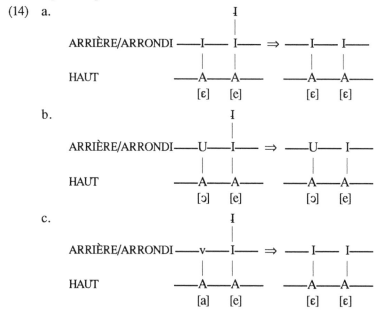

b.

c.

En mettant en rapport les exemples en (14) avec ceux en (12), on observe que ce qui s'élide dans la constitution du pronom, c'est toujours l'élément « non froid » que ce pronom a de plus que la voyelle finale du verbe. Ainsi, en (12), le pronom perd l'élément A que ni [i], ni [u] n'ont dans leur constitution, alors qu'en (14), c'est l'élément ATR qu'aucune des voyelles [ɛ], [ɔ] et [a] n'a dans sa constitution que le pronom perd. En d'autres termes, il conviendrait tout simplement de dire que la réalisation du pronom doit avoir le même nombre d'éléments (la voyelle froide ne comptant pas) que la voyelle finale du verbe. Ainsi, si rien ne se passe en (13), c'est justement parce que le pronom n'a aucun élément « non froid » de plus que les voyelles verbales.

Pour autant que cette explication fonctionne, elle ne rend cependant pas compte des données avec [a] comme voyelle finale du verbe où le résultat est [ɛ]. Pour expliquer celles-ci et garder au pronom sa valeur [e], il faudrait dire qu'il ne peut pas perdre plus d'un élément à la fois. Aussi, en perdant déjà l'élément I que [a] n'a pas dans sa constitution, le pronom ne pourrait plus perdre l'élément I. Puisqu'il faut que sa réalisation soit constituée du même nombre d'éléments que la réalisation de la voyelle finale du verbe, le pronom propagerait donc l'élément I qu'il a en trop sur la position vide occupée par [v] dans la constitution de la voyelle du verbe. À notre avis, cette explication manque de rigueur, le phénomène n'étant pas étendu aux autres voyelles de la langue. La seule explication qui reste phonologiquement justifiée est que le pronom clitique en fɔngbè n'est pas [e]. Qu'est-il alors ?

Un fait demeure constant : le pronom doit avoir une réalisation [+ arrière]. Or, pour KLV, ce qui matérialise cette caractéristique est l'élément I. Considérons donc que le pronom clitique en fɔngbè n'est rien d'autre que cet élément I. Qu'en découle-t-il ?

Reprenons les exemples (12a), (13a) et (14a) :

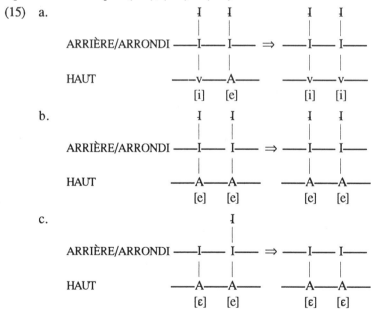

On remarque que la seule constante dans tous les segments réalisant le pronom est l'élément I. D'autre part, tous les autres éléments qui s'ajoutent à I pour donner au pronom sa réalisation sont identiques aux éléments autres que ceux apparaissant sur les lignes fusionnées ARRIÈRE/ARRONDI de la voyelle du verbe.

Ceci justifie le fait qu'en (15a), lorsque la voyelle finale [i] du verbe propage dans la position du pronom l'élément I, et que la voyelle froide s'insère dans la position restée vide, la réalisation du pronom est [i]. En (15b), par contre, ce que la voyelle finale du verbe propage dans la position du pronom, ce sont les éléments I et A. La réalisation est alors [e]. En (15c) enfin, la position du pronom ne reçoit que la propagation de l'élément A de la voyelle finale du verbe. Ce qui nous donne [ɛ] comme réalisation du pronom.

Nous en déduisons que le pronom clitique est une matrice segmentalement vide qui n'est spécifiée que pour son trait [– arrière] (le primitif I dans K L V). Nous avons dit en 3.2. que tous les segments vocaliques du fɔngbè doivent être positivement charmés. Autrement dit, aucun segment ne correspond à la réalisation de l'élément I dans la langue. En effet, [ɪ], seul segment pouvant réaliser I, n'est pas une voyelle du fɔngbè.

Aussi, pour avoir un contenu phonologique et pouvoir être identifié comme position du pronom objet, l'élément I doit-il recevoir des éléments de la voyelle qui le précède.

Voici donc les représentations des cas où les réalisations du pronom sont [i], [e] et [ɛ] :

(16)   a.   b.   c.

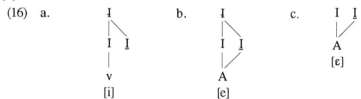

L'élément I, souligné dans la représentation du pronom dans les exemples ci-dessus, symbolise le seul élément qui ne varie jamais dans la constitution de celui-ci, quel que soit le type de la voyelle finale du verbe. C'est également cet élément I, le seul pour lequel le pronom est défini, qui est la tête de sa matérialisation phonologique (comme combinaison d'éléments). Voilà ce qui explique que, lorsque c'est la voyelle [a] qui est en position de donner au pronom une forme matérielle, on ait [ɛ]. En effet, [a] n'ayant que l'élément A à propager au pronom, la voyelle qui résultera de la combinaison AI où I est la tête est celle qui aura tous les traits de I, sauf le trait chaud que l'opérateur A devra substituer à celui de la tête. Si notre prédiction est bonne, la voyelle devra donc avoir les caractéristiques suivantes : [– arrondi ; – arrière ; – haut ; – ATR ; – bas]. Or, la voyelle correspondant à cette définition est bien la voyelle [ɛ].

Ainsi, quand la voyelle finale du verbe est [a], on aura la représentation suivante pour le pronom :

(17)

Nous reviendrons sur la question du [a] lui-même plus tard. Voyons maintenant ce qui se passe quand les voyelles finales des verbes sont des voyelles [+ arrondies].

Nous avons retenu que le pronom clitique en fɔngbè est l'élément I. Nous savons aussi que dans cette langue les lignes arrière et arrondi sont fusionnées et que l'élément I apparaît sur la même ligne que U présent dans toutes les voyelles arrondies. Ainsi, la position du pronom clitique peut recevoir par propagation tous les éléments des voyelles arrondies sauf U. En effet, U a déjà, dans sa position correspondante dans la matrice du pronom, l'élément I. Rien ne peut donc plus être propagé dans cette position.

On aura alors ce qui suit en présence des voyelles [u], [o] et [ɔ] :

(18)   a.   b.   c.

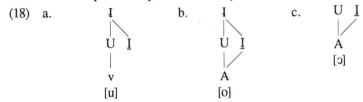

3.3.   UNE QUESTION DE GOUVERNEMENT PHONOLOGIQUE

Ayant expliqué les variations du pronom clitique, dont la forme sous-jacente est [i], il nous reste à comprendre pourquoi /a/, voyelle finale d'un verbe, tout en induisant le changement de [i] à /ɛ/, se change lui-même en /ɛ/. La propagation ne suffit pas à elle seule à rendre compte du phénomène. Nous ferons donc appel, dans cette partie, à la notion de gouvernement selon KLV.

On distingue le gouvernement intraconstituant, à l'intérieur d'un même constituant, du gouvernement interconstituant, entre deux constituants. Dans le premier cas, le gouverneur est à gauche du gouverné. La « directionnalité » du gouvernement est donc de gauche à droite. Dans le second cas, par contre, le gouverneur est à droite du gouverné. La « directionnalité » du gouvernement est donc de droite à gauche. Les valeurs de charme des segments déterminent s'ils peuvent ou non être des gouverneurs potentiels. Ainsi, on ne verra jamais un segment sans charme (ce qu'il convient d'appeler dans la théorie le charme neutre) en gouverner un autre qui a une valeur de charme (positive ou négative). Si deux segments se trouvent dans un domaine de gouvernement, il faut qu'ils harmonisent leurs propriétés pour que la relation soit vérifiée.

Rappelons que nous avons affaire ici au gouvernement interconstituant. Notons aussi que le gouverneur doit être plus complexe, en termes d'éléments, que le gouverné, et que le gouvernement doit être local.

En considérant que tout se passe comme décrit plus haut, voyons si les relations de gouvernement sont vérifiées.

Lorsque la voyelle finale du verbe est [u]⁺ ou [i]⁺, la réalisation du pronom est [i]⁺. La relation de gouvernement est donc vérifiée. En effet, le pronom [i]⁺, de charme positif, gouverne bien la voyelle du verbe qui est à sa gauche.

Lorsque la voyelle finale du verbe est [e]⁺ ou [o]⁺, la réalisation du pronom est [e]⁺. Tout comme plus haut, le pronom qui est de charme positif, gouverne la voyelle à sa gauche.

Lorsque la voyelle finale du verbe est [ɛ]° ou [ɔ]°, la réalisation du pronom [ɛ]°, de charme neutre, gouverne la voyelle du verbe de même charme.

Lorsque la voyelle finale du verbe est [a]⁺, le pronom ne peut se réaliser autrement que [ɛ]° comme nous l'avons dit plus haut. En effet, comme nous l'avons montré en (17) repris ici en (19),

(19)

c'est la propagation de A dans la position du pronom qui donne à celui-ci sa matérialisation phonologique. Nous savons aussi que c'est le pronom qui gouverne la position de la voyelle finale du verbe. Or, [ɛ]° est de charme neutre et [a]⁺ est de charme positif. Il y a donc incompatibilité de propriétés entre gouverneur et gouverné. La langue recourt donc à l'harmonie des propriétés.

Ainsi, [a]⁺ acquiert ses propriétés de gouverné de son gouverneur qui est [ɛ]°. Voilà ce qui explique que l'élément I du pronom se propage sur la position de la voyelle finale du verbe. L'harmonie vocalique en fɔngbè est donc une harmonie de propriétés dans un domaine de gouvernement. Le phénomène se produit en deux phases comme le montre la représentation suivante :

(20)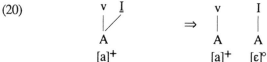

En (20), la voyelle finale du verbe propage son élément A dans la position du pronom afin de complexifier celui-ci tout en permettant de l'identifier. Ainsi, le pronom acquiert toutes les propriétés lui permettant d'être un gouverneur.

(21)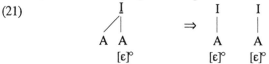

En (21), c'est la voyelle du verbe qui acquiert des propriétés pour pouvoir être gouvernée. En effet, il faut que [a]⁺ perde son charme pour que [ɛ]°, de charme neutre puisse le gouverner. Évidemment, la voyelle que l'on obtient lorsque I se propage sur [a], c'est [ɛ]°.

L'analyse ci-dessus montre qu'on ne peut continuer d'accepter le segment [e] comme forme du pronom clitique de troisième personne du singulier en fɔngbè. Le choix de I, en revanche, est bien motivé par l'analyse. En outre, la théorie du charme et du gouvernement explique le comportement de [a] final de verbe en présence du pronom.

4. CONCLUSION

Nous avons traité comme un type de propagation l'harmonie qu'on observe en fɔngbè dans la construction Sujet – Verbe (Radical Verbal) – Pronom Personnel Objet (PO), et nous avons rejeté l'hypothèse selon laquelle le segment [e] est la forme du pronom objet. Dans le cadre de la Sous-spécification radicale, nous observons une harmonie de Hauteur et [ATR]. Le trait est propagé de l'élément de gauche vers l'élément de droite. Si cette théorie suffit pour expliquer la plupart des modifications auxquelles nous avons affaire, elle ne nous permet cependant pas de rendre compte exhaustivement du contexte /a + i/ dans lequel on note le changement en /ɛ/ de la voyelle /a/ du verbe. Pour maintenir cette analyse, il faudrait alors énoncer une règle *ad hoc* qui stipulerait que les voyelles qui propagent leurs traits ne peuvent pas être marquées [+bas] ; on pourrait ajouter qu'elles reçoivent ce trait du pronom clitique, ce qui conduirait à dire que la propagation s'effectue dans deux directions. Avec la théorie du Charme et du Gouvernement, nous avons affaire à une harmonie de propriétés. Pour rendre compte de l'ensemble des contextes d'harmonie en présence, on a recours à la notion de gouvernement phonologique, qui permet d'expliquer le comportement de [a] en présence du pronom clitique. En nous conduisant à analyser l'harmonie vocalique en fɔngbè comme une harmonie de propriétés dans un domaine de gouvernement, cette théorie apporte des solutions plus intéressantes.

BIBLIOGRAPHIE

AKOHA, A.B. – 1980, « Quelques éléments d'une grammaire du fɔngbè : Nominal et Syntagme nominal », Paris, Thèse pour le doctorat de 3e cycle, Université de Paris III, 396 p.

ARCHANGELI, D. – 1984, « Underspecification in Yawelmani Phonology and Morphology », Thèse de doctorat, Cambridge, MA, MIT.

— 1988, « Aspects of Underspecification Theory », *Phonology* 5 (2), p. 183-207.

ARCHANGELI, D. et PULLEYBLANK, D. – 1989, « Yoruba Vowel Harmony », *Linguistic Inquiry* 2 (2), p. 173-217.

CHOMSKY, N. et HALLE, M. – 1968, *The Sound Pattern of English*, New York, Harper and Row.

CLEMENTS, G.N. – 1985, « The Geometry of Phonological Features », *Phonology Yearbook* 2, p. 225-252.

— 1990, « Place of Articulation in Consonants and Vowels : a Unified Theory », ms.

GUÉDOU, G. A.G. – 1976, « Xó et Gbè : Langage et Culture chez les Fon », Thèse pour le doctorat de 3e cycle, 3 volumes, Paris, Université de Paris III, 925 p.

HOUIS, M. – 1977, « Plan de description systématique des langues africaines », *Afrique et Langage* 7, 1er semestre, p. 5-65.

KAYE, J.D. et LOWENSTAMM, J. – 1984, « De la syllabicité », in *Forme sonore du langage: structure des représentations en phonologie*, F. DELL, D. HIRST et J.-R. VERGNAUD (éds), Paris, Hermann, p. 123-160.

KAYE, J.D., LOWENSTAMM, J. et VERGNAUD, J.R. – 1985, « The Internal Structure of Phonological Elements: A Theory of Charm and Government », *Phonology Yearbook* 2, p. 305-328.

KIPARSKY, P. – 1982, « Lexical Phonology and Morphology », *Linguistics in the Morning Calm*, in I.S. Yang, Seoul, Hanshin, p. 3-91.

MC CARTHY, J. – 1988, *Feature Geometry and Dependency*. Amherst, University of Massachusetts, ms.

PIGGOTT, G. L. – 1990, « Variability in Feature Dependency : The Case of Nasal Harmony », ms.

PULLEYBLANK, D. – 1986, *Tone in Lexical Phonology*, Dordrecht, Reidel.

SAGEY, E. – 1986, « The Representation of Features and Relations in Non-Linear Phonology », Thèse de doctorat, Cambridge, MA, MIT.

TOURVILLE, J. – 1989, « The Underlying Representation of Vowels », ms., McGill University.

SYNTAXE

Claire LEFEBVRE

LE CLIVAGE DE PRÉDICAT : ESSAI DE TYPOLOGIE

1 . INTRODUCTION [1]

De très nombreuses langues présentent des constructions clivées mettant en jeu des syntagmes nominaux ou prépositionnels, voire des propositions. Le clivage de prédicats, en revanche, paraît plus rare. L'exemple qui en est donné en (1) est pris au fɔngbè, langue kwa parlée principalement au Bénin [2].

[1] Je tiens à remercier mes informants béninois qui m'ont fourni les données de fon sur lesquelles se fonde cet article : Iréné Fandohan et Aimé Avolonto d'Abomey, Berthe Adegbidi et Dica Adotevi de Ouidah, Maxime da Cruz de Porto Novo et Cotonou. Merci à Aimé Avolonto, à Nick Clements, à Maxime da Cruz et à Hilda Koopman pour l'information qu'ils m'ont apportée sur d'autres langues d'Afrique de l'Ouest. J'exprime toute ma reconnaissance à Anne-Marie Brousseau, Kasangati Kinyalolo, Paul Law et Tonjes Veenstra pour leurs commentaires sur une version antérieure de cet article. Celui-ci a été écrit dans le cadre du Projet sur la genèse du créole haïtien de l'UQAM, financé par le CRSH, le FCAR et le PAFAC (UQAM).

[2] Le prédicat clivé montré en (1) représente le type vata (cf. Koopman, 1984), également présent en haïtien (cf. Piou, 1982 ; Lumsden et Lefebvre, 1990a, b), plutôt que le type hausa (cf. Tuller, 1986). Pour une comparaison de ces deux types, voir Lumsden et Lefebvre (1990b). Pour un examen détaillé du clivage de prédicat en fɔngbè, voir Ndayiragije (ce volume).

(1)   Lɔ́n   **wɛ̀**   súnù   ɔ́   lɔ́n.
         sauter   c'est   homme   DÉT   sauter
         'C'est sauter que l'homme a fait (pas courir, etc.).'

Pourquoi donc trouve-t-on cette construction dans certaines langues, par exemple le
fɔngbè, mais non dans d'autres, par exemple, l'ewe, langue dont la parenté avec le
fɔngbè est étroite au sein du groupe kwa ?

En (1), la particularité *wɛ̀*, glosée 'c'est' dans les grammaires du fɔngbè, constitue la
tête du constituant clivé [3]. Mais elle peut aussi apparaître dans le contexte d'une
proposition, auquel cas elle signale une information nouvelle :

(2)   a.   Mǐ   kó   wɔ̀n   **wɛ̀**.
                 tu   déjà   oublier   c'est
                 'C'est [plutôt, en réalité...] que tu as déjà oublié.'
                                                      (Anonyme 1983 : ll-3)

         b.   É   ɖù   nǔ   ǎ   **wɛ̀**   à.
                 il   manger   CHOSE   NÉG   c'est   INT
                 'Serait-ce qu'il n'a pas mangé ?'   (Hounkpatin, 1984,5 : 147)

Dans ce contexte, *wɛ̀* est en distribution complémentaire avec le déterminant phrastique
ɔ́ [4]. Tandis que le premier signale de l'information nouvelle, le second marque de
l'information connue. Cette différence entre *wɛ̀* et ɔ́ (que je désignerai tous deux comme
des déterminants phrastiques) apparaît en (3) :

---

[3] *Wɛ̀* est également la tête des syntagmes nominaux et des propositions clivées :

(a)   Masɛ̀   vì   lɛ́   **wɛ̀**   wá.
         Massè   enfant   PL   c'est   arriver
         'Ce sont les gens de Massè qui sont arrivés.'   (Hounkpatin, 1984-5 : 218)

(b)   ɖó   tɔ́   cé   kù   wútù   **wɛ̀**,   ùn   yì   Glɛ̀xwé.
         cause   père   mon   mort   cause   c'est,   je   aller   Ouidah
         'C'est parce que mon père est mort que je suis allé à Ouidah [et non, par ex., parce que ma
         mère a eu un enfant].'   (Anonyme, 1983 : lX-7)

En (c) *wɛ̀* forme un prédicat nominal dans une construction clivée tronquée :

(c)   Àtín   **wɛ̀**.
         arbre   c'est
         ''C'est un arbre.'   (Hounkpatin, 1984-5 : 186)

Que (c) est bien une clivée tronquée est indiquée par (d) :

(d)   Àtín   wɛ̀   (é   nyì).
         arbre   c'est   cela   être
         'C'est un arbre que c'est.' (Ce que c'est, c'est un arbre.)

[4] Comme on peut l'observer en (3b), le déterminant phrastique ɔ́ est homophone du déterminant
[+ défini] qui porte sur les syntagmes nominaux. Dans Lefebvre (sous presse a), je soutiens que ɔ́, est
non seulement défini, il est aussi déictique. Je n'examinerai pas davantage cette propriété, qui n'est pas
pertinente dans le présent article.

(3)   a.   Súnù   ɔ́   gbà   mɔ́tò   ɔ́   **wɛ̀**.
           homme   DÉT   casser   voiture   DÉT   DÉTPH
           'L'homme a cassé la voiture.' (information nouvelle) [5]

     b.   Súnù   ɔ́   gbà   mɔ́tò   ɔ́   ɔ́.
           homme   DÉT   casser   voiture   DÉT   DÉTPH
           'L'homme a cassé la voiture.' (information connue)

On peut considérer que *wɛ̀* et *ɔ́* constituent ici la tête de la projection d'une catégorie fonctionnelle dans S (= IP) (cf. Lefebvre, sous presse a pour *wɛ̀* et sous presse b pour *ɔ́*).

Mon but dans cet article est de montrer que l'existence du clivage de prédicat dans une grammaire est corrélée à la présence dans cette grammaire d'une position de déterminant phrastique dans S. Il y a entre ces deux types de faits une interaction significative qui aide à expliquer pourquoi les prédicats peuvent être clivés dans certaines langues et pas dans d'autres.

À ce propos, il est intéressant de remarquer que les locuteurs du fɔngbè se répartissent entre deux dialectes quant à la distribution de *wɛ̀/ɔ́* et du clivage de prédicat. Dans le dialecte A (par exemple à Abomey), *wɛ̀* peut être un déterminant phrastique (cf. (2)), en distribution complémentaire avec *ɔ́* (cf. (3)). On a donc un paradigme de déterminants phrastiques, têtes de la projection d'une catégorie fonctionnelle interne à la proposition. Ce dialecte connaît le clivage de prédicat (cf. (1)). Dans le dialecte B (par exemple à Ouidah), en revanche, ni *wɛ̀* ni *ɔ́* ne peuvent servir de déterminant phrastique et le clivage de prédicat n'existe pas.

2. LES DÉTERMINANTS PHRASTIQUES DANS LE DIALECTE A DU FƆNGBÈ

La présence de *wɛ̀* ou de *ɔ́* en tant que déterminants phrastiques est liée au caractère [+Défini] du sujet de la proposition ou de l'argument interne délimitatif (au sens de Tenny, 1987) du verbe [6]. En (4), par exemple, où le sujet de la proposition et l'objet du verbe sont tous deux [–Défini], ni *wɛ̀* ni *ɔ́* ne peuvent être utilisés afin de signaler que l'information est nouvelle ou connue.

(4)   a.   * Súnù   ɖé   gbà   mɔ́tò   ɖé   **wɛ̀**
           homme   un   casser   voiture   un   DÉTPH
           [Litt. : 'Un homme a cassé une voiture.' (information nouvelle)]

---

[5] À la différence de Anonyme (1983) et d'Hounkpatin (1984-5), je ne traduis pas ce *wɛ̀* phrastique par 'c'est'. Dans ce contexte, en effet, la présence de *wɛ̀* n'entraîne pas nécessairement une interprétation contrastive.

[6] L'argument interne délimitatif est celui qui impose un terme à l'événement dénoté par le verbe. Ainsi, dans 'Jean a mangé la pomme', 'pomme' est l'argument délimitatif : une fois la pomme entièrement mangée, l'événement 'manger' est terminé.

b. * Súnù   ɗé   gbà   mɔ́tò   ɗé   ɓ
homme   un   casser   voiture   un   DÉTPH
[Litt. : 'Un homme a cassé une voiture.' (information connue)]

Un sujet [+Défini], en revanche, permet la présence de *wɛ̀* ou *ɓ*, auquel cas l'information présupposée nouvelle comprend toute la proposition (comparer avec (6) ci-dessous) :

(5)   a.   Súnù   ɓ   gbà   mɔ́tò   ɗé   **wɛ̀**.
homme   DÉT   casser   voiture   un   DÉTPH
'L'homme a cassé une voiture.' (information nouvelle)

b.   Súnù   ɓ   gbà   mɔ́tò   ɗé   **ɓ**.
homme   DÉT   casser   voiture   un   DÉTPH
'L'homme a cassé une voiture.' (information connue)

De même, si l'argument interne délimitatif est [+Défini], *wɛ̀* ou *ɓ* peuvent apparaître, mais l'information présupposée nouvelle ou connue exclut le sujet :

(6)   a.   Súnù   ɗé   gbà   mɔ́tò   ɓ   **wɛ̀**.
homme   un   casser   voiture   DÉT   DÉTPH
'Un homme a cassé la voiture.' (information nouvelle : La voiture a été cassée.)

b.   Súnù   ɗé   gbà   mɔ́tò   ɓ   **ɓ**.
homme   un   casser   voiture   DÉT   DÉTPH
'Un homme a cassé la voiture.' (information connue : La voiture devait être cassée.)

Lorsque la présence de *wɛ̀* ou *ɓ* est corrélée au caractère [+Défini] de l'argument interne, celui-ci doit être délimitatif. Ainsi, en (7) et (8), l'argument interne de *kpé* 'rencontrer' et de *mɔ* 'voir' est [+Défini], mais il ne délimite pas l'événement, si bien que ni *wɛ̀* ni *ɓ* ne peuvent apparaître, et les phrases sont agrammaticales :

(7)   * Súnù   ɗé   kpé   vì   ɓ   **wɛ̀**
homme   un   rencontrer   enfant   DÉT   DÉTPH
[Litt. : 'Un homme a rencontré l'enfant.' (information nouvelle : L'enfant a été rencontré.)]

(8)   * Súnù   ɗé   mɔ   mɔ́tò   ɔ   ɓ
homme   un   voir   voiture   DÉT   DÉTPH
[Litt. : 'Un homme a vu la voiture.' (information connue : La voiture a été vue.)]

D'autre part, les déterminants phrastiques *wɛ̀* et *ɓ* occupent la même position, vis-à-vis de la particule de négation *ǎ*. Ils peuvent la suivre, auquel cas leur présence est liée au caractère [+Défini] du sujet et c'est tout le contenu de la proposition, y compris la négation, qui est présupposé nouveau ou connu :

(9) a. Súnù   ɔ́   fin   mɔ́tò   ɔ́   ǎ   wɛ̀.
         homme   DÉT   voler voiture DÉT   NÉG   DÉTPH
         'L'homme n'a pas volé la voiture.' (information nouvelle)

    b. Súnù   ɔ́   fin   mɔ́tò   ɔ́   ǎ   ɔ́.
         homme   DÉT   voler voiture DÉT   NÉG   DÉTPH
         'L'homme n'a pas volé la voiture.' (information connue)

Ils peuvent aussi précéder la particule de négation. Leur présence est alors liée au caractère [+Défini] de l'argument interne délimitatif, et ce qui est présupposé nouveau ou connu exclut l'argument externe aussi bien que la négation :

(10) a. Súnù   ɔ́   fin   mɔ́tò   ɔ́   wɛ̀   ǎ.
          homme   DÉT   voler voiture DÉT   DÉTPH   NÉG
          'L'homme n'a pas volé la voiture.' (information nouvelle : La voiture a été volée.)

     b. Súnù   ɔ́   fin   mɔ́tò   ɔ́   ɔ́   ǎ.
          homme   DÉT   voler voiture DÉT   DÉTPH   NÉG
          'L'homme n'a pas volé la voiture.' (information connue : La voiture a été volée.)

Dans la mesure où wɛ̀ et ɔ́ ne manifestent pas le contenu sémantique ordinairement associé aux lexèmes définis au moyen des traits majeurs [αN, ßV], j'y vois la tête d'une projection fonctionnelle [7]. J'explique par ailleurs (cf. Lefebvre, sous presse a et b) que, vu la corrélation entre la présence de wɛ̀/ɔ́ et le caractère [+Défini] du sujet ou de l'argument interne délimitatif, vu en outre que wɛ̀/ɔ́ peut précéder ou suivre la négation en S-structure, la projection fonctionnelle dont il constitue la tête doit être engendrée dans S (= IP). Cette hypothèse est confirmée par le fait que wɛ̀ et ɔ́, comme déterminants phrastiques, peuvent apparaître dans des propositions enchâssées pourvues d'un complémenteur visible (circonstance qui élimine la possibilité d'analyser wɛ̀ et ɔ́ comme des complémenteurs) :

(11) a. Kɔ̀kú   lìn   ɖɔ̀   Àsibá   gbà   mɔ́tò   ɔ́   wɛ̀.
          Koku   penser que   Asiba   casser voiture DÉT   DÉTPH
          'Koku pense qu'Asiba a cassé la voiture.' (information nouvelle : Asiba a cassé la voiture.)

     b. Kɔ̀kú   lìn   ɖɔ̀   Àsibá   gbà   mɔ́tò   ɔ́   ɔ́.
          Koku   penser que   Asiba   casser voiture DÉT   DÉTPH
          'Koku pense qu'Asiba a cassé la voiture.' (information connue : Asiba risquait de casser la voiture.)

---

[7] L'identification de la catégorie fonctionnelle projetée est sans importance dans le cadre de cet article. On se reportera à Lefebvre (sous presse a, b) qui propose que les déterminants phrastiques du fɔngbè constituent la tête de AGRP. Cette proposition se fonde principalement sur deux observations. Premièrement, les déterminants phrastiques du fon ont la même distribution que AGR en français ou en anglais, par exemple. Deuxièmement, les langues qui possèdent des déterminants phrastiques comparables à ceux du fɔngbè n'ont pas d'accord touchant les traits de personne, de nombre et de genre.

Je soutiens en outre que les déterminants phrastiques du fon s'interprètent comme déterminant des événements, puisque leur présence est liée au caractère [+Défini] des deux arguments qui délimitent l'événement dénoté par la proposition (cf. van Voorst, 1988) le sujet qui en marque le début, et l'objet affecté qui en marque le terme.

On se rappellera d'autre part que la particule *wè* est aussi la tête des constituants clivés (cf. (1)). Cela n'a rien de surprenant, compte tenu du fait que les constructions clivées mettent typiquement en jeu de l'information nouvelle.

3. LES PROPRIÉTÉS FONDAMENTALES DE LA CONSTRUCTION DE CLIVAGE DE PRÉDICAT DANS LE DIALECTE A DU FƆNGBÈ

Dans ce dialecte, le clivage de prédicat est corrélé au caractère [+Défini] de l'argument délimitatif, comme le montrent les phrases de (12) où cet argument est souligné :

(12) a. ɖù   wè   Kɔkú   ɖù   <u>àsɔ́n   ɔ́</u>.
          manger   c'est   Koku   manger   crabe   DÉT
          'Ce qu'a fait Koku au crabe, c'est le manger (pas le jeter, etc.).'

      b. Yì   wè   <u>Kɔkú</u>   yì.
          partir   c'est   Koku   partir
          'Ce qu'a fait Koku, c'est partir (pas arriver, etc.).'

      c. Wé   wè   <u>àvɔ́   ɔ́</u>   wé.
          blanchir c'est   robe   DÉT   blanchir
          'Ce qu'a fait la robe, c'est blanchir (pas jaunir, etc.).'

Au contraire, un argument délimitatif indéfini rend la construction agrammaticale :

(13) a. * ɖù   wè   Kɔkú   ɖù   àsɔ́n
           manger c'est   Koku   manger   crabe
           [Lit. : 'C'est le manger que Koku a fait à un crabe.']

      b. * Yì   wè   súnù   yì
           partir c'est   homme   partir
           [Lit. : 'C'est partir qu'un homme a fait.']

      c. * Wé   wè   àvɔ́   wé
           blanchir c'est robe   blanchir
           [Lit. : 'C'est blanche qu'une robe est devenu.']

Le clivage du prédicat est également impossible dans le contexte d'un argument interne non délimitatif, comme le montre l'agrammaticalité des exemples en (14) :

(14) a. * Sé   wè   Kɔkú   sé   fɔngbè
           connaître c'est Koku   connaître fɔngbè
           [Lit. : 'C'est le connaître que Koku fait au fɔngbè.']

b. * Kpé   **wὲ**   Kɔku   kpé   Àsíbá
accompagner c'est   Koku   accompagner Asiba
[Lit. : 'C'est l'accompagner que Koku a fait à Asiba.']

Un certain nombre d'auteurs ont soutenu récemment que le clivage de prédicat met en fait en jeu des événements plutôt que des prédicats (cf. Lumsden et Lefebvre, 1990a et b ; Lefebvre, 1990 ; Larson et Lefebvre, sous presse). Le contraste de grammaticalité entre les exemples (12) et (14) montre qu'en outre, seuls les événements délimités peuvent entrer dans cette construction.

4. LA CORRÉLATION ENTRE DÉTERMINANT PHRASTIQUE ET CLIVAGE DU PRÉDICAT

Déterminant phrastique et clivage du prédicat se recoupent. Tout d'abord, ils mettent tous deux en jeu des événements que le premier détermine, tandis que le second les met en relief. Ensuite, le caractère défini de l'argument interne délimitatif se révèle décisif tant pour la grammaticalité des propositions comportant un déterminant phrastique (associé à l'argument interne) que pour celle des propositions à prédicat clivé (cf. (6), (7) et (8) pour le premier point, (12), (13) et (14) pour le second). Enfin, la même proposition ne peut comporter à la fois un prédicat clivé et un déterminant phrastique, qui sont donc en distribution complémentaire :

(15)   * ɖù   wὲ   Kɔkú   ɖù   àsɔ́n   ɔ́   ɔ́/wὲ
manger   c'est   Koku   manger   crabe   DÉT   DÉT/DÉT

Cet ensemble de faits montre bien la relation entre les deux phénomènes dans une grammaire donnée, relation qui laisse à penser que l'un ne va pas sans l'autre. Or, tous deux sont précisément présents dans le dialecte A du fɔngbè. Dans le dialecte B, en revanche, ni *wὲ* ni *ɔ́* ne font fonction de déterminants phrastiques. Ainsi, les phrases (5) et (6) du dialecte A sont ininterprétables pour des locuteurs du dialecte B [8].

5. VERS UNE TYPOLOGIE DES GRAMMAIRES

La possibilité de cliver les prédicats paraît donc corrélée à l'existence d'une position syntaxique de déterminant phrastique dans S (= IP). Cette corrélation s'observe dans d'autres langues que le fɔngbè.

C'est ainsi que le yoruba, le gun, le gen et le xula, toutes langues du groupe kwa parlées au Nigéria, au Bénin et au Togo, s'alignent sur le dialecte A du fɔngbè : elles ont à la fois le clivage de prédicat et des déterminants phrastiques. De même le vata, langue kru parlée en Côte d'Ivoire, où l'on trouve le clivage de prédicat (cf. Koopman, 1984), ainsi que des particules, comparables à des déterminants phrastiques, dominées

---

[8] De même les phrases (9), (10) et (11).

par IP en S-Structure (Hilda Koopman, cp). Le haïtien aussi semble fonctionner comme le dialecte A (cf. Lefebvre, 1982 et Lefebvre, sous presse a, pour le déterminant phrastique en haïtien ; et cf. Piou, 1982, Lumsden et Lefebvre, 1990a et b, Lefebvre, 1990 et Larson et Lefebvre, sous presse, pour le clivage du prédicat).

L'ewe, au contraire, autre langue kwa, très proche du fɔngbè, paraît s'aligner sur le dialecte B de celui-ci : il n'a ni position dans S pour des déterminants phrastiques, ni clivage de prédicat (cf. Westermann, 1930). Et de même le français et l'anglais...

6. CONCLUSION

Je propose donc que la possibilité de cliver les prédicats, c'est-à-dire de focaliser l'événement, dépend de l'existence d'une position syntaxique de déterminant phrastique, à savoir de la possibilité de déterminer l'événement. Cette hypothèse est réfutable. Il suffirait pour ce faire qu'il existe une grammaire incluant le clivage de prédicat, mais sans position de déterminant phrastique [9].

BIBLIOGRAPHIE

ANONYME. – 1983, *Éléments de recherche sur la langue Fon*, Cotonou, Bénin.

HOUNKPATIN, B. – 1984-1985, *Le verbal et le syntagme verbal du fon-gbe parlé à Massè*, Thèse de doctorat de troisième cycle, Université de la Sorbonne nouvelle, Paris III.

KOOPMAN, H. – 1984, *The Syntax of Verbs : from Verb Movement Rules in the Kru Languages to Universal Grammar*, Dordrecht, Holland, Foris.

LARSON, R. et LEFEBVRE, C. – Sous presse, « Predicate Clefting in Haitian Creole », in *Proceedings of NELS 21 (1990)*, T. SHERER *et al.* (éds).

LEFEBVRE, C. – 1982, « L'expansion d'une catégorie grammaticale : le déterminant *la* », in *Syntaxe de l'haïtien*, C. LEFEBVRE, H. MAGLOIRE-HOLLY, et N. PIOU, (éds), Ann Arbor, Michigan, Karoma, p. 21-63.

— 1990, « On the Interpretation of Predicate Cleft », *Linguistic Review* 6, p.169-194.

— Sous presse a, « The Functional Category AGR and Creole Genesis », in *The Proceedings of the Leiden Workshop on Creole Languages and Language Acquisistion*, H. WEKKER (éd.), Berlin/New York, Mouton de Gruyter.

— Sous presse b, « On the Distribution of Clausal ẁè in Fongbe », *Journal of West African Languages* .

LUMSDEN, J.S. et LEFEBVRE, C. – 1990a, « On the Haitian Predicate Cleft Construction », in *Current Issues to African Linguistics* 7, J. HUTCHISSON et V. MANFREDI (éds), Dordrecht, Holland, Foris.

---

[9] La mise à l'épreuve de l'hypothèse avancée ici requiert un travail approfondi avec des locuteurs natifs. S'il s'avérait que certains créoles ne présentent pas la corrélation proposée (en ce sens qu'ils cliveraient les prédicats sans avoir de déterminants phrastiques), cette disparité poserait des questions intéressantes pour la recherche sur la genèse de ces langues.

— 1990b, « Predicate Cleft Constructions and Why They Aren't What You Might Think », *Linguistics* 28 (4), p. 761-783.

NDAYIRAGIJE, J. – Ce volume, « Le clivage du prédicat en fɔngbè ».

PIOU, N. – 1982, « Le clivage du prédicat », in *Syntaxe de l'haïtien*, C. LEFEBVRE, H. MAGLOIRE-HOLLY and N. PIOU (éds), p. 122-151. Ann Arbor, Michigan, Karoma.

TENNY, C. – 1987, « Grammaticalizing Aspect and Affectedness », Thèse de doctorat, Cambridge, MA, MIT.

TULLER, L. – 1986, « Bijective Relations in Universal Grammar and the Syntax of Hausa », Thèse de doctorat, University of California at Los Angeles.

VAN VOORST, J. – 1988, « Event Structure », *Current Issues in Linguistic Theory* 59, Amsterdam/Philadelphia, John Benjamins.

WESTERMAN, D. – 1930, *A Study of the Ewe Language*, London, Oxford University Press.

Juvénal NDAYIRAGIJE

CLIVAGE DU PRÉDICAT EN FƆNGBÈ

1. INTRODUCTION [1]

En fɔngbè, les constructions à clivage du prédicat se présentent sous le format général [α (wɛ̀) [IP... α...] où α correspond au prédicat clivé, la particule wɛ̀ que nous analyserons comme un marqueur de focus étant facultativement réalisée. Des exemples sont donnés en (1) et (2). À partir d'une phrase simple comme (1a), le clivage du prédicat donne la structure (1b). L'exemple (2a) est une structure à complément phrastique. Le clivage du prédicat de la proposition enchâssée donne les structures en (2b) ou (2c) où le prédicat clivé apparaît au début de la proposition enchâssée ou bien au début de la proposition matrice. L'interprétation de ces constructions à clivage du prédicat implique une lecture contrastive sur le verbe, et non sur tout le groupe verbal.

(1)   a.   Kɔ̀kú   klɔ́   mɔ́tò   ɔ́.
           Koku   laver   voiture   DÉT
           'Koku a lavé la voiture.'

---

[1] Les données discutées dans ce travail ont été fournies par A. Avolonto, locuteur fɔ̀n de la région d'Abomey. Nous remercions pour leurs commentaires les personnes ci-après : C. Lefebvre, J. Lumsden, A. Kihm, P. Law, K.Kinyalolo, A.M. Brousseau, E. Ritter, M. da Cruz ainsi que les participants à l'atelier Lexique-Syntaxe tenu à l'UQAM en juin 1991.

b. Klɔ́ (wὲ) Kɔ̀kú klɔ́ mɔ́tò ɔ́.
    laver wὲ Koku laver voiture DÉT
    'C'est laver que Koku a fait à la voiture (il ne l'a pas réparée, par
    exemple).'

(2) a. Báyí ɖì ɖɔ̀ Kɔ̀kú klɔ́ mɔ́tò ɔ́.
        Bayi penser que Koku laver voiture DÉT
        'Bayi pense que Koku a lavé la voiture.'

    b. Báyí ɖì ɖɔ̀ klɔ́ (wὲ) Kɔ̀kú klɔ́ mɔ́tò ɔ́.
        Bayi penser que laver wὲ Koku laver voiture DÉT
        'Bayi pense que c'est laver que Koku a fait à la voiture.'

    c. Klɔ́ (wὲ) Báyí ɖì ɖɔ̀ Kɔ̀kú klɔ́ mɔ́tò ɔ́.
        laver wὲ Bayi penser que Koku laver voiture DÉT
        'C'est laver que Bayi pense que Koku a fait à la voiture.'

Entre autres questions syntaxiques que soulèvent les constructions à prédicat clivé
autant en fɔngbè que dans les autres langues où ce phénomène est attesté, figurent
celles-ci : premièrement, la structure syntaxique de ces constructions est-elle
bipropositionnelle ? Deuxièmement, le prédicat clivé est-il directement engendré dans
sa position de surface ou occupe-t-il une position dérivée ? Notons en passant que ces
deux questions se posent autant pour le clivage du prédicat que pour le clivage des
arguments du verbe ou de ses adjoints. Troisièmement, quelle est la catégorie
syntaxique du prédicat clivé ? S'agit-il d'une tête (V°) ou d'une projection maximale
(VP/NP) ?

La présente étude tentera de répondre à ces questions. Pour la première, nous
proposons que les constructions à prédicat clivé (et les autres clivées) en fɔngbè ont une
structure monopropositionnelle. Les faits en faveur de cette hypothèse concernent la
distribution des marqueurs de la flexion verbale, les propriétés de la particule wὲ, ainsi
que les effets de portée de la négation. Pour les deux autres questions, nous
argumenterons en faveur d'une analyse du prédicat clivé en termes de mouvement long
d'une tête (V°), et nous interpréterons la réalisation d'une copie dans le site d'extraction
du verbe comme une stratégie pour éviter la violation de ECP (cf. plus loin). Nous
montrerons que cette stratégie résomptive est présente dans la grammaire du fɔngbè,
puisqu'elle est mise en oeuvre (pour la même raison) dans d'autres structures comme
l'extraction longue du sujet et les structures à « préposition échouée ». La
S-structure proposée pour ces constructions à prédicat clivé en fɔngbè est
schématiquement donnée en (3) où le prédicat clivé est déplacé en position tête de CP :

(3)

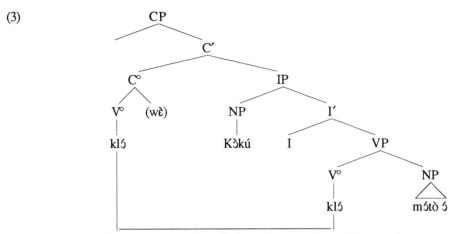

Une autre question importante à laquelle la présente analyse doit répondre concerne les restrictions sémantiques sur le clivage du prédicat. Il faut expliquer le contraste de grammaticalité entre les structures à prédicat clivé illustrées en (4b) et (5b).

(4) a. Kɔkú gbà   xwé   ɔ́.
         Koku détruire maison DÉT
         'Koku a détruit la maison.'

     b. Gbà   wɛ̀ Kɔkú gbà   xwé   ɔ́.
         détruire wɛ̀ Koku détruire maison DÉT
         'C'est détruire que Koku a fait à la maison.'

(5) a. Kɔkú sɛ̀   fɔngbè.
         Koku connaître fɔngbè
         'Koku connaît le fɔngbè.'

     b. * sɛ̀   wɛ̀ Kɔkú sɛ̀   fɔngbè
         connaître wɛ̀ Koku connaître fɔngbè

Les faits en (4-5) montrent que tous les verbes ne peuvent pas être clivés. Ceci avait déjà été noté par Larson et Lefebvre (sous presse) pour des données semblables en créole haïtien. Pour ces auteurs, le clivage du prédicat est soumis à une contrainte sur la nature aspectuelle des prédicats éligibles pour le clivage : seuls les prédicats dont la structure argumentale contient une position d'événement – *Stage-Level Predicates* « prédicats transitoires » (cf. Kratzer, 1988)) – peuvent être clivés, contrairement à ceux qui ne contiennent pas cette position – *Individual-Level Predicates* « prédicats caractéristiques ». La présente étude va montrer que cette généralisation doit être améliorée pour inclure certains contextes où les « prédicats transitoires » résistent au clivage (cf. 6b), quand les « prédicats caractéristiques » s'y prêtent (cf. 7b).

(6) a. Kɔkú klɔ́ mɔ́tò ɔ́ kpó   àɖí kpó.
         Koku laver voiture DÉT avec savon avec

    b. * klɔ́   (wὲ)   Kɔ̀kú   klɔ́   mɔ́tò   ɔ́   kpó   àḍí   kpó
       laver   wὲ   Koku   laver   voiture   DÉT   avec   savon   avec

(7)   a.   Kɔ̀kú   mɔ̀   àjòtɔ́   ɔ́   kpó   nùkún   tɔ̀n   kpó.
          Koku   voir   voleur   DÉT   avec   yeux   ses   avec
          'Koku a vu le voleur de ses propres yeux.'

    b.   Mɔ̀   (wὲ)   Kɔ̀kú   mɔ̀   àjòtɔ́   ɔ́   kpó   nùkún tɔ̀n   kpó.
       voir   wὲ   Koku   voir   voiture   DÉT   avec   yeux   ses   avec
       'C'est voir que Koku a vu le voleur de ses propres yeux.'

Pour rendre compte des faits en (4-7), nous allons suggérer que le clivage du prédicat est régi par une contrainte sémantique plus générale : la condition de dominance de Erteschik-Shir (1981) pour l'extraction-Qu que nous présentons dans la quatrième partie.

Cet article est organisé comme suit. Nous commencerons par un résumé des éléments théoriques pertinents pour l'analyse syntaxique des constructions étudiées. Il s'agit principalement de la théorie du Déplacement élaborée dans Chomsky (1981) et développée dans les travaux subséquents. Cet exposé théorique sera suivi d'une discussion sur la structure bi/mono-propositionnelle des clivées en fɔngbὲ. Nous examinerons ensuite les deux autres questions syntaxiques que soulèvent les constructions à clivage du prédicat, à savoir a) si le prédicat clivé est une tête (V°) ou une projection maximale (VP/NP), et b) si sa position de surface est une position basique ou dérivée. Enfin, une dernière partie sera consacrée aux restrictions sémantiques sur le clivage du prédicat. Les résultats auxquels cette étude aura abouti seront résumés dans la conclusion.

2.   PRÉREQUIS THÉORIQUES

Selon la théorie des *Principes et Paramètres* de Chomsky (1981, 1986), le déplacement syntaxique est soumis à deux conditions structurales : le Principe des Catégories Vides (ECP) et la Sous-Jacence. ECP, qui est une condition de bonne formation pour les représentations syntaxiques, requiert que toute catégorie vide non pronominale soit proprement gouvernée. La définition du gouvernement propre varie selon les auteurs. Pour Chomsky (1981), comme pour Lasnik et Saito (1984), le gouvernement propre s'effectue soit par une tête (*head-government*), soit par l'antécédent (*antecedent-government*). Chomsky (1986) propose de réduire le gouvernement propre au gouvernement par antécédence. Pour Stowel (1981), Rizzi (1990), etc., les deux types de gouvernement sont requis pour satisfaire ECP.

Dans le cas du déplacement de têtes, Travis (1984) propose une contrainte spécifique – *Head Movement Constraint* « Contrainte sur le déplacement de têtes » (désormais HMC) – selon laquelle ce déplacement se fait de tête à tête, et ce de façon strictement locale. L'énoncé de cette contrainte est donné en (8).

(8)   Une catégorie de niveau $X°$ ß ne peut se déplacer que vers une tête α qui gouverne la projection maximale γ de ß, où α gouverne thématiquement (θ-governs) ou marque lexicalement (L-marks) γ, si $\alpha \neq C$. (Chomsky, 1986, p.71 : traduit par moi).

Cependant, les analyses récentes (Chomsky, 1986; Baker, 1988; Rizzi, 1990, etc.) s'accordent pour dire que la localité du déplacement de têtes est une conséquence de ECP, et donc que HMC n'a pas de statut théorique indépendant. Tout ce dont on a besoin, c'est que la trace et son antécédent soient dans une relation de localité (condition de minimalité).

Il existe néanmoins des contextes où cette minimalité n'est pas observée, mais où la structure mettant en jeu le déplacement est bien formée. Dans ces contextes, étant donné que le gouvernement par antécédence ne peut pas s'appliquer, d'autres mécanismes sont mis en oeuvre par les grammaires particulières pour éviter une violation de ECP. L'insertion d'un pronom résomptif dans le site d'extraction est une possibilité. Tel est le cas en vata (Koopman, 1984), en hébreu (Sells, 1984), etc. Nous montrerons que c'est cette stratégie résomptive qui est utilisée dans les structures fɔn, en l'occurence dans le clivage du prédicat.

ECP est une condition nécessaire mais pas suffisante pour légitimer la bonne formation des structures impliquant le déplacement syntaxique. Une autre condition est requise : la Sous-Jacence. Celle-ci définit le domaine dans lequel deux positions syntaxiques peuvent être reliées par déplacement. Un domaine dans lequel l'extraction est exclue constitue un *îlot* (Ross, 1967). La définition de la Sous-Jacence donnée en (9-10) énonce qu'aucune règle syntaxique ne peut relier α et ß dans une configuration structurale du type $[... \alpha ... [\gamma ... [\delta ... \beta ...] ...] ...]$ où γ et δ sont des noeuds barrières (Chomsky, 1986) :

(9)   Si (α_i, α_{i+1}) constitue un maillon d'une chaîne, alors α_{i+1} est 1-sous-jacent à α_i.

(10)   ß est n-sous-jacent à α ssi il y a moins de n+1 barrières entre α et ß.

Ainsi, l'extraction en (11a-b) viole la Sous-Jacence puisque l'élément déplacé traverse deux noeuds barrières :

(11)   a. * [Qu$_i$'est-ce que [Pierre a vu [la fille [qui a acheté t$_i$]]]] ?

        b. * [Qu$_i$'est-ce que [Pierre se demande [pourquoi Marie a acheté t$_i$]]]

Nous montrerons que les constructions à prédicat clivé en fɔngbè observent cette contrainte de Sous-Jacence.

3. STRUCTURE MONOPROPOSITIONNELLE DES CLIVÉES FƆNGBÈ

En anglais et en français, les constructions clivées ont une structure bipropositionnelle. L'expression clivée a la même configuration qu'une construction

« copulative » [XP BE/ÊTRE PRÉD]. Elle est formée d'un sujet explétif, d'une copule fléchie et d'un prédicat :

(12) a. John bought a car.
          'Jean a acheté une auto.'

      b. It is John who bought a car.'   CLIVAGE DU SUJET
          'C'est Jean qui a acheté une auto.'

      c. It is a car that John bought.   CLIVAGE DE L'OBJET
          'C'est une auto que Jean a achetée.'

Considérer les structures (b) en (1-2), et les « clivées » fɔn de façon générale, comme des constructions clivées impliquerait qu'on leur attribue une structure bipropositionnelle comme celles du français ou de l'anglais en (12). Ici, nous allons montrer que la séquence [α wɛ̀] d'une structure « clivée » en fɔngbè ne constitue pas en elle-même une proposition, et donc que les « clivées » fɔn ne contiennent qu'une seule proposition. Les faits en faveur de cette hypothèse concernent la distribution des marqueurs de INFL, les propriétés de la particule wɛ̀, ainsi que les effets de portée de la négation.

3.1. DISTRIBUTION DES MARQUEURS DE INFL [2]

Les propositions à temps fini du fɔngbè ne réalisent pas de marqueurs morphologiques du passé ou du présent sur le verbe. Ce sont les propriétés aspectuelles du verbe qui déterminent l'interprétation temporelle. Plus précisément, avec les verbes de la classe aspectuelle des *States* (Dowty, 1979), on aura une lecture temporelle « présent/générique » (cf. 13a). Dans tous les autres cas, on aura l'interprétation « passé » (cf. 13b).

(13) a. Kɔ̀kú   sɛ̀   fɔngbè.
          Koku   connaître fɔngbè
          'Koku connaît le fɔngbè.'
          '*Koku a connu le fɔngbè'

      b. Kɔ̀kú   gbà   xwé   ɔ́.
          Koku   détruire maison DÉT
          'Koku a détruit la maison.'
          'Koku détruit la maison.'

Alors que le passé et le présent ne sont pas morphologiquement réalisés, le futur l'est [3], comme illustré en (14) :

---

[2] Pour une analyse détaillée de INFL en fɔngbè, voir Avolonto (en préparation).

[3] Le statut de *ná* comme marqueur temporel est toutefois douteux, d'autant que ce marqueur apparaît également dans les infinitives fɔn. Avolonto (en préparation) l'analyse comme un marqueur aspectuel.

(14) a. Kɔkú ná sè fɔngbè.
  Koku FUT connaître fɔngbè
  'Koku connaîtra le fɔngbè.'

 b. Kɔkú ná gbà xwé ɔ́.
  Koku FUT détruire maison DÉT
  'Koku détruira la maison.'

En plus du marqueur du futur, d'autres marqueurs peuvent apparaître entre le sujet et le verbe, ainsi la particule nɔ̀ marquant l''habituel' :

(15) Kɔkú nɔ̀ gbà xwé lέ.
  Koku HAB détruire maison PL
  'Koku a l'habitude de détruire les maisons.'

Dans une construction clivée, aucun de ces marqueurs de Infl ne peut apparaître dans l'expression clivée [α wὲ], comme illustré en (16c) :

(16) a. Kɔkú ná/nɔ̀ gbà xwé lέ.
  Koku FUT/HAB détruire maison PL
  'Koku détruira / a l'habitude de détruire les maisons.'

 b. Xwé lέ wὲ Kɔkú ná/nɔ̀ gbà.
  maison PL wὲ Koku FUT/HAB aller
  'Ce sont les maisons que Koku détruira/ a l'habitude de détruire.'

 c. Xwé lέ (*ná/nɔ̀) wὲ Kɔkú gbà.
  maison PL FUT/HAB wὲ Koku détruire

Les mêmes faits s'observent pour le clivage du prédicat en (17b-c) :

(17) a. Kɔkú ná/nɔ̀ gbà xwé lέ.
  Koku FUT/HAB détruire maison PL
  'Koku détruira/a l'habitude de détruire les maisons.'

 b. Gbà wὲ Kɔkú ná/nɔ̀ gbà xwé lέ.
  détruire wὲ Koku FUT/HAB détruire maison PL
  'C'est détruire les maisons que Koku fera/ a l'habitude de faire.'

 c. (*ná/nɔ̀) gbà wὲ Kɔkú ná/nɔ̀ gbà xwé lέ
  FUT/HAB détruire wὲ Koku FUT/HAB détruire maison PL

L'agrammaticalité de (17c) est due, comme pour le clivage du NP en (16c), à la présence des marqueurs flexionnels ná/nɔ̀ dans le constituant clivé. L'impossibilité d'avoir un marqueur de INFL dans l'expression clivée suggère que celle-ci ne constitue pas en elle-même une proposition (c'est-à-dire un énoncé dont on peut nier la valeur de vérité), si l'on admet qu'une proposition implique minimalement un sujet et un prédicat *fléchi*. Tel est le premier indice contre la structure bipropositionnelle des clivées fɔn. Le deuxième concerne les propriétés de la particule *wὲ* que nous examinons dans la partie suivante.

3.2.   STATUT CATÉGORIEL DE *Wè* [4]

En quoi la nature catégorielle de la particule *wè* intéresse-t-elle la présente discussion ? Pour attribuer une structure bipropositionnelle aux constructions à prédicat clivé et aux autres clivées du fɔngbè, il faut démontrer que la séquence [α *wè*] constitue à elle seule une proposition. Pour cela, cette séquence doit, comme dit plus haut, contenir au moins un sujet et un prédicat fléchi. Par ailleurs, dans les langues où l'expression clivée a une structure bipropositionnelle, comme c'est le cas en anglais et en français, l'élément clivé apparaît dans une structure du type [Explétif ÊTRE/BE PRÉD], semblable aux constructions « copulatives » de ces langues. Comme on va le voir, les structures « copulatives » existent en fɔngbè, mais elles ne sont pas utilisées dans le clivage. De plus, la séquence [α *wè*] mise en jeu dans les clivées ne contient pas de sujet (explétif ou vide). Ceci s'ajoutera à l'absence de marqueurs de INFL dans cette séquence pour soutenir l'hypothèse d'une structure monopropositionnelle des clivées fɔn. Examinons d'abord la distribution de *wè*. Soient les exemples en (18) :

(18) a.   Ní   Kɔkú   wá   ɔ́,   *(é)   ná   nyɔ́.
           si   Koku   venir DÉT   EXPL   FUT   bon
           'Si Koku vient, ce sera bon.'

    b. * ní   Kɔkú   wá   ɔ́,   wè   ná   nyɔ́
           si   Koku   venir DÉT,   wè   FUT   bon

En (18a), nous avons une phrase à CP disloqué à gauche. Dans cette structure, la position du sujet est remplie par un pronom explétif (EXPL) obligatoirement réalisé, et dont la référence est donnée par le CP disloqué. Dans la structure (b) correspondante, la substitution du pronom explétif par la particule *wè* entraîne l'agrammaticalité. Soulignons en passant que le pronom explétif est obligatoire dans les structures où il est impliqué, comme illustré en (19a). Ici aussi, *wè* ne peut pas occuper la position du sujet explétif, comme en témoigne l'agrammaticalité de (19b) :

(19) a. * (é)   nyɔ́   ɖɔ̀   Kɔkú   wá.
           EXPL   bon   que   Koku   venir
           'C'est bon que Koku soit venu.'

    b. * wè   nyɔ́   ɖɔ̀   Kɔkú   wá
           wè   bon   que   Koku   venir
           'C'est bon que Koku soit venu.'

---

[4] Il y a une occurrence de la particule *wè* que nous ne discuterons pas ici. Elle concerne les structures au progressif illustrées en (a). La présence de cette particule de clivage dans les structures au progressif suggère qu'il existe un lien (à déterminer) entre le focus et l'aspect. Cette relation a été également notée par Horvath (1985) en hongrois.

(a)   Kɔkú   ɖò   xwé   ɔ́   gbà   wè.
       Koku   être-à maison DÉT   détruire wè
       'Koku est en train de détruire la maison.'

Les faits en (18-19) montrent, d'une part, que la particule *wè* n'est pas un pronom explétif et, d'autre part, que le pronom explétif *é* est obligatoirement réalisé dans les contextes où il apparaît. Examinons à présent les exemples en (20) :

(20) a. Kɔkú nyí dòtóò.
Koku être médecin
'Koku est médecin.'

 b. * Kɔkú wè dòtóò
Koku wè médecin
'Koku est médecin.'

L'exemple (20a) est une structure « copulative » où deux NPs sont reliés par la copule *nyí*, obligatoirement réalisée. La substitution de cette copule par la particule *wè* rend la structure agrammaticale, comme illustré en (20b). Par ailleurs, lorsqu'on clive l'un des deux NPs en (20a), on obtient les structures (21), où c'est *wè* qui apparaît dans l'expression clivée :

(21) a. Kɔkú$_i$ wè/*nyí t$_i$ nyí dòtóò.
Koku wè/être être médecin
'C'est Koku qui est médecin.'

 b. Dòtóò$_i$ wè/*nyí Kɔkú nyí t$_i$
médecin wè/être Koku être
'C'est médecin que Koku est.'

Les faits en (20) et (21) montrent que *wè* et *nyí* sont mutuellement exclusifs. La présence de *wè* dans la structure « copulative » en (20b) rend cette dernière mal formée. La présence de la copule *nyí* dans l'expression clivée en (21) entraîne l'agrammaticalité. Ceci est aussi le cas pour le clivage du prédicat illustré en (22) :

(22) Gbà (*nyí / wè) Kɔkú gbà xwé ɔ.
détruire être / wè Koku détruire maison DÉT
'C'est détruire que Koku a fait à la maison.'

Enfin, alors que la présence de la copule dans les structures « copulatives » est obligatoire indépendamment de la présence ou non d'un marqueur de Infl (cf. 23), celle de la particule *wè* dans les clivées est facultative (cf. 24c-d), sauf dans l'extraction du sujet (cf. 24b) [5].

(23) Kɔkú na *(nyí) dòtóò.
Koku FUT être médecin
'Koku sera médecin.'

(24) a. Kɔkú gbà xwé ɔ.
Koku détruire maison DÉT
'Koku a détruit la maison.'

[5] La présence obligatoire de la particule *wè* dans l'extraction locale du sujet est expliquée en termes de ECP vue dans sa définition conjonctive. Ce marqueur du focus est inséré dans COMP pour permettre à ce dernier de satisfaire le gouvernement par tête (*head-government*) de la trace en position sujet (cf. Ndayiragije, en préparation).

b.   Kòkú$_i$ *(wè) t$_i$ gbà   xwé   ɔ́.
     Koku   wè   détruire maison DÉT
     'C'est Koku qui a détruit la maison.'

c.   [xwé   ɔ́]$_i$ (wè) Kòkú gbà   t$_i$
     maison DÉT   wè Koku détruire
     'C'est la maison que Koku a détruite.'

d.   Gbà$_i$ (wè) Kòkú gbà$_i$ xwé   ɔ́.
     détruire wè   Koku aller maison DÉT
     'C'est aller au marché que Koku a fait.'

Les faits décrits ci-dessus se résument comme suit. La particule *wè* apparaissant dans l'expression clivée n'est pas un pronom explétif et, de ce fait, ne peut pas occuper la position du sujet. Or, comme on l'a dit plus haut, la présence d'un sujet est une des conditions minimales requises pour avoir une proposition. On pourrait évidemment supposer l'existence d'un pronom vide sujet dans l'expression clivée et postuler que, pour une quelconque raison, l'élément clivé (α) s'y déplace pour dériver l'ordre [α *wè*]. L'expression clivée aurait alors la même structure qu'une proposition « copulative » ; et dans cette configuration, *wè* occuperait la même position que celle de la copule *nyí* dans les structures à prédicat nominal. Sauf que, d'une part, les structures clivées constitueraient le seul contexte en fɔngbè où la position du sujet serait vide (hormis évidemment les propositions au mode impératif). De plus, même si tel pourrait être le cas, on ne voit pas de motivation théorique ni de preuves empiriques en faveur de la montée en S-structure de l'élément clivé pour remplir cette position sujet vide et ainsi dériver l'ordre de surface, surtout que, même dans les clivées bipropositionnelles de l'anglais ou du français, la montée de l'élément clivé dictée par le principe de *Full Interpretation* (Chomsky, 1989) n'a lieu qu'en Forme Logique. D'autre part, une telle hypothèse, dont l'implication serait que les clivées fɔn auraient une structure bipropositionnelle, est rendue caduque par le fait que, si [α *wè*] était effectivement une construction « copulative », la particule *wè* devrait être obligatoirement réalisée, comme l'est la copule *nyí*, ce qui n'est pas le cas. Enfin, l'expression clivée [α *wè*] devrait, comme les constructions en *nyí* (cf. 23), accepter des marqueurs de INFL, comme c'est le cas dans les clivées du français ou de l'anglais. Ceci n'est cependant pas permis en fɔngbè, comme en témoigne l'agrammaticalité des structures en (16c) et (17c). Pour toutes ces raisons, attribuer un statut propositionnel à l'expression clivée [α *wè*], dont la conséquence serait que les « clivées » fɔn auraient une structure bipropositionnelle, nous paraît difficilement soutenable.

Avant de clore cette partie, nous allons discuter dans les lignes qui suivent la nature catégorielle de la particule *wè* et sa position syntaxique. Nous avons montré précédemment que cet élément n'est pas un pronom explétif. Nous avons aussi observé une distribution complémentaire entre la particule *wè* et la copule *nyí*. La première apparaît dans les constructions clivées, la seconde dans les structures copulatives. Étant donné ce fait, on pourrait penser qu'il existe deux verbes « être » en fɔngbè, et donc que, dans les deux cas, on a effectivement des structures « copulatives ». Examinons cette possibilité, en définissant d'abord ce qu'on entend par structures « copulatives ».

Dans la littérature (Higgins, 1973 ; Williams, 1983 ; Longobardi, 1984 ; Rapoport, 1987 ; Heggie, 1988 ; etc.), ces structures sont des constructions dont la fonction sémantique est soit d'identifier un élément B comme étant référentiellement identique à un élément A ('Mon cousin est Jean' ou 'Jean est mon cousin'), soit d'attribuer une certaine description à cet élément ('Jean est un enseignant'). Dans le premier cas on a une lecture équative (spécificationnelle), dans le second cas une lecture prédicative.

Le fɔngbè utilise deux éléments distincts pour exprimer les deux interprétations, prédicative et identificationnelle : *nyí* pour la première, *wὲ* pour la seconde. Cette distinction est illustrée en (25) :

(25) a. Kɔkú nyí mὲsì.
   Koku être enseignant
   'Koku est un enseignant.'

   b. Mὲsì ɔ́, Kɔkú wὲ.
   enseignant DÉT Koku wὲ
   'L'enseignant, c'est Koku.'

Sémantiquement, le prédicat nominal de (25a) donne une description de l'entité exprimée par le sujet, alors qu'en (25b) on a une spécification, mieux encore un contraste portant sur le sujet ('l'enseignant, c'est Koku et non Kofi'). De plus, le NP disloqué en (25a) est argumental et non prédicatif [6].

Signalons en outre que la formation des questions en fɔngbè se fait toujours par clivage. Or, on utilise la construction en *wὲ* (cf. 26b), et non celle en *nyí* (cf. 26a) :

(26) a. * é nyí mὲ [7]
   EXPL être qui
   'C'est qui ?'

   b. Mὲ wὲ ?
   qui wὲ
   'C'est qui ?'

De plus, il y a des raisons de penser que la structure équative de (25b) et la question de (26b) sont en fait des clivées tronquées, formées à partir de la structure copulative en *nyí*, par déplacement en S-Structure du NP post-copule jusqu'en position de Spécifieur de CP ; la suite [EXPL *nyí*] y serait omise par économie, étant donné qu'elle n'a aucun contenu sémantique nécessaire à l'interprétation de la phrase. Cette hypothèse est motivée par le fait que, si cette expression a un contenu sémantique, elle doit être réalisée, comme illustré en (27-28) :

---

[6] Voir Ndayiragije (en préparation) pour une discussion plus détaillée sur la structure des constructions copulatives prédicatives et équatives en fɔngbè

[7] Cette structure, comme les autres questions à mot interrogatif in-situ, n'est acceptable qu'interprétée comme une question en écho.

(27)   a.   Mέsì   ɔ́,   Kɔ̀kú   wὲ   é   nὰ   nyí.
            enseignant DÉT,   Koku   wὲ   EXPL FUT   être
            'L'enseignant, ce sera Koku.'

       b.   Mέsì   ɔ́,   Kɔ̀kú   wὲ   é   wá   nyí.
            enseignant DÉT,   Koku   wὲ   EXPL venir être
            'L'enseignant, c'est venu à être Koku.'

(28)   a.   Mὲ   wὲ   é   ná   nyí ?
            qui wὲ   EXPL FUT   être
            'C'est qui que ce sera?'

       b.   Mὲ   wὲ   é   wá   nyí ?
            qui wὲ   EXPL venir être
            'C'est qui que c'est venu à être ?'

Sur la base des faits de (25-28), nous suggérons de considérer la particule *wὲ*, comme un marqueur de focus dont la fonction sémantique est de signaler qu'un constituant syntaxique est mis en relief. Nous proposons que ce marqueur soit inséré en S-Structure en position de tête de CP. Une structure comme (29a) aura ainsi la représentation (29b) :

(29)   a.   Kɔ̀kú$_i$ wὲ   t$_i$ ná   klɔ́   mɔ́tò   ɔ̀.
            Koku   wὲ   FUT laver voiture DÉT
            'C'est Koku qui lavera la voiture.'

       b.

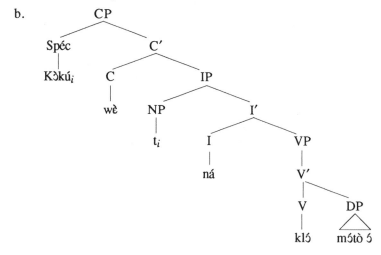

3.3.   PORTÉE DE LA NÉGATION

La dernière preuve en faveur d'une structure monopropositionnelle des « clivées » fɔn est fournie par la portée de la négation que nous examinons à présent. Soit les structures en (30) :

(30)   a.   Kɔkú   klɔ́   mɔ́tò   ɔ́.
           Koku   laver   voiture   DÉT
           'Koku a lavé la voiture.'

      b.   Kɔkú   klɔ́   mɔ́tò   ɔ́   ǎ.
           Koku   laver   voiture   DÉT   NÉG
           'Koku n'a pas lavé la voiture.'

L'exemple (30b) est une phrase déclarative à la forme négative. Le marqueur de négation ǎ apparaît en fin de phrase et a portée sur toute celle-ci. Dans les phrases à complément phrastique, le marqueur de négation se trouve en fin de la proposition enchâssée, comme illustré en (31b). Si la négation apparaît en fin de la proposition matrice, la structure est agrammaticale (cf. 31c).

(31)   a.   N   ɖɔ̀   ɖɔ̀   Kɔkú   klɔ́   mɔ́tò   ɔ́.
           je   dire   que   Koku   laver   voiture   DÉT
           'J'ai dit que Koku a lavé la voiture.'

      b.   N   ɖɔ̀   ɖɔ̀   Kɔkú   klɔ́   mɔ́tò   ɔ́   ǎ.
           je   dire   que   Koku   laver   voiture   DÉT   NÉG
           'Je n'ai pas dit que Koku a lavé la voiture.'
           'J'ai dit que Koku n'a pas lavé la voiture.'
           '*Je n'ai pas dit que Koku n'a pas lavé la voiture.'

      c.   *n   ɖɔ̀   ǎ   ɖɔ̀   Kɔkú   klɔ́   mɔ́tò   ɔ́
           je   dire   NÉG   que   Koku   laver   voiture   DÉT

Le fait crucial à remarquer dans les exemples de (31) est le suivant : à la forme négative, la structure bipropositionnelle (31b) est sémantiquement ambiguë entre une lecture où la négation a portée sur la proposition matrice et une lecture où elle a portée sur la proposition enchâssée. Dès lors, si les constructions clivées en fɔngbè avaient une structure bipropositionnelle, on s'attendrait à la même ambiguïté quant aux effets de portée de la négation, c'est-à-dire que celle-ci porterait ou non sur le constituant clivé [α wɛ̀]. Les structures de (32) montrent que tel n'est pas le cas. En (32a), c'est le sujet du verbe qui est clivé ; en (32b) c'est l'objet, et en (32c) le prédicat. Dans tous les cas, l'élément clivé est obligatoirement dans la portée de la négation :

(32)   a.   Kɔkú   wɛ̀   klɔ́   mɔ́tò   ɔ́   ǎ.
           Koku   wɛ̀   laver   voiture   DÉT   NÉG
           'Ce n'est pas Koku qui a lavé la voiture.'
           '*C'est Koku qui n'a pas lavé la voiture.'

    b.   Mɔ́tò   ɔ́   wὲ   Kɔkú   klɔ́   ǎ.
        voiture DÉT wὲ   Koku   laver NÉG
        'Ce n'est pas la voiture que Koku a lavée.'
        '*C'est la voiture que Koku n'a pas lavée.'

    c.   Klɔ́   wὲ   Kɔkú   klɔ́   mɔ́tò   ɔ́   ǎ.
        acheter wὲ   Koku   acheter voiture DÉT NÉG
        'Ce n'est pas laver que Koku a fait à la voiture.'
        '*C'est laver que Koku n' a pas fait à la voiture.'

Alors que dans la structure bipropositionnelle (31b), la proposition matrice peut être à l'extérieur de la portée de la négation, le NP ou le prédicat clivé en (32a-c) est obligatoirement dans la portée de la négation. Ceci nous apparaît comme une indication que l'expression clivée [α *wὲ*] n'est pas une proposition. Notons en passant que, pour que l'élément clivé puisse échapper à la portée de la négation, on doit introduire le marqueur de portée négative *mà* dont le rôle est précisément de restreindre la portée de ǎ :

(33) a.   Kɔkú wὲ <u>mà</u> klɔ́ mɔ́tò ɔ́   ǎ.
        Koku wὲ <u>NÉG</u> laver voiture DÉT NÉG
        'C'est Koku qui n'a pas lavé la voiture.'
        '*Ce n'est pas Koku qui a lavé une voiture.'

    b.   Mɔ́tó ɔ́   wὲ Kɔkú <u>mà</u> klɔ́   ǎ.
        voiture DÉT wὲ Koku <u>NÉG</u> laver NÉG
        'C'est la voiture que Koku n'a pas lavée.'
        '*Ce n'est pas la voiture que Koku a lavée.'

    c.   Klɔ́ wὲ Kɔkú <u>mà</u> klɔ́ mɔ́tó ɔ́   ǎ.
        laver wὲ Koku <u>NÉG</u> laver voiture DÉT NÉG
        'C'est laver que Koku n'a pas fait à la voiture.'
        '*Ce n'est pas laver que Koku a fait à la voiture.'

En résumé, nous avons argumenté dans cette partie que les constructions à prédicat « clivé » (et les autres « clivées ») fɔ̀n ne contiennent qu'une seule proposition. Les raisons empiriques en faveur de cette hypothèse concernent *a*) l'impossibilité d'avoir des marqueurs de la flexion verbale dans l'expression clivée, *b*) l'absence de sujet dans l'expression clivé, *c*) le statut de *wὲ* comme marqueur de focus et non comme élément verbal (copule), et enfin *d*) les effets de portée de la négation.

Dans la partie suivante, nous examinons les deux autres questions que soulève la syntaxe des constructions fɔ̀n à prédicat clivé. La première question est de savoir si l'élément clivé est une tête (V°) ou une projection maximale (VP/NP). La seconde a trait à la position de surface du prédicat clivé. Y-a-t-il déplacement, ou bien le prédicat clivé est-il engendré directement dans sa position de surface ?

4. DÉPLACEMENT LONG DE V° ET STRATÉGIE RÉSOMPTIVE

4.1. LE PRÉDICAT CLIVÉ : V° OU VP ?

Considérons d'abord les exemples de (34) :

(34) a. Àvŭn cè gbó.
chien POSS aboyer
'Mon chien a aboyé.'

b. Gbó (wè) àvŭn cè gbó.
aboyer wè chien POSS aboyer
'C'est aboyer que mon chien a fait.'

En (34a), on a un prédicat intransitif. Le clivage de ce dernier donne (34b). Dans cette structure, rien ne dit *a priori* si le prédicat clivé est une tête ou une projection maximale. Examinons à présent les exemples de (35) :

(35) a. Kɔkú klɔ́ mɔ́tò ɔ́.
Koku laver voiture DÉT
'Koku a lavé la voiture.'

b. Klɔ́ (wè) Kɔkú klɔ́ mɔ́tò ɔ́.
laver wè koku laver voiture DÉT
'C'est laver que Koku a fait à la voiture.'

c. * klɔ́ mɔ́tò ɔ́ (wè) Kɔkú klɔ́
laver voiture DÉT wè koku laver

En (35a), on a un prédicat transitif. Lorsque ce dernier est clivé, on obtient la structure (35b). L'agrammaticalité de (35c) est due au fait qu'on a clivé le verbe et son argument interne. Ceci constitue une preuve pour légitimer l'hypothèse que le prédicat clivé est une tête (V°). Autrement il serait difficile d'expliquer l'inacceptabilité de (35c) dans une analyse qui postulerait que le prédicat clivé est un VP.

Examinons enfin l'hypothèse selon laquelle l'élément déplacé dans ces constructions serait un NP dérivé d'un verbe. En fɔngbè, la formation de nominaux déverbaux se fait par redoublement de la consonne initiale de la racine verbale et insertion de la voyelle épenthétique [i]. Ainsi, à partir des verbes *yì* 'partir' ou *gbà* 'détruire' on dérive les nominaux correspondants *yìyì* 'action de partir' et *gbìgbà* 'destruction'. Dès lors, si le prédicat clivé était un nominal, on s'attendrait à le trouver sous cette forme nominalisée. Ceci n'est cependant pas le cas, comme le montrent les exemples de (36) et (37) :

(36) a. Kɔkú yì.
Koku partir
'Koku est parti.'

     b.   Yì   wὲ   Kɔkú   yì.
         partir wὲ   Koku   partir
         'C'est partir que Koku a fait.'

     c. * yìyì   wὲ   Kɔkú   yì
         action de partir wὲ   Koku   partir

(37) a.   Xwé   ɔ́   gbà.
         maison DÉT   détruire
         'La maison s'est détruite.'

     b.   Gbà   wὲ   xwé   ɔ́   gbà.
         détruire wὲ   maison DÉT   détruire
         'C'est se détruire que la maison a fait.'

     c. * gbigbà   wὲ   xwé   ɔ́   gbà
         destruction wὲ   maison DÉT.   détruire

L'agrammaticalité des structures (c) de (36-37), due au fait que l'élément clivé se présente sous la forme d'une nominalisation, suggère que le constituant clivé n'est pas un NP.

Sur la base des faits en (34-37), nous suggérons que dans les constructions fɔn à clivage du prédicat [8], l'élément clivé est une tête (V°) et non une projection maximale (nominale ou verbale).

4.2.   Y A-T-IL DÉPLACEMENT ?

Soit la structure à prédicat clivé de (38).

(38)   Klɔ́   (wὲ)   Kɔkú   klɔ́   mɔ́tò   ɔ́.
        laver   wὲ   koku   laver   voiture   DÉT
        'C'est laver que Koku a fait à la voiture.'

Si, comme on vient de le suggérer, le prédicat clivé illustré en (38) est une catégorie V°, il ne peut apparaître que dans une position de tête, étant donnée la contrainte de Préservation de Structure de Emonds (1976) qui requiert que les catégories X° se déplacent dans des positions de tête et les projections maximales dans des positions XP. Supposons donc que cette position est la tête de CP, comme en (39) :

---

[8] Si cette analyse est correcte, la dénomination 'clivage du prédicat' n'est pas appropriée pour désigner ces constructions fɔn, étant donné que c'est le verbe qui est clivé et non le prédicat (i.e. le verbe et son argument interne). Ceci étant, nous maintiendrons cette dénomination en usage dans la littérature sur ce type de constructions.

(39)

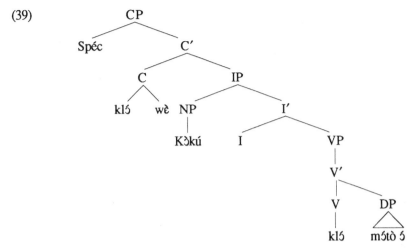

La question à laquelle on doit répondre est de savoir si le prédicat clivé est engendré en D-structure dans la tête de CP, ou s'il s'y retrouve par déplacement syntaxique. Examinons chacune de ces options.

Soit l'hypothèse qu'il n'y a pas de déplacement, et donc que la position de surface du prédicat clivé est une position basique, non dérivée. Dans cette optique, on doit répondre aux deux questions suivantes : *a*) pourquoi a-t-on deux copies d'un même verbe et *b*) laquelle est la copie ? Pour plus de clarté dans l'exposé, étiquetons les deux copies comme suit : $[V_2 \ (w\grave{e}) \ [...V_1...]$.

Supposons que la copie (l'élément sans contenu sémantique) est V_2, et que cette dernière signale simplement que le verbe (V_1) est mis en relief. Ceci serait corroboré par le fait qu'aucun élément ayant un contenu sémantique (argument ou modifieur du verbe) n'est permis dans la séquence $[V_2 \ w\grave{e}]$. En outre, dans cette optique qui considère V_2 comme la copie, aucun problème ne se poserait par rapport à l'assignation des rôles thématiques aux arguments du verbe. Cependant, il y a au moins un fait qui va à l'encontre de l'hypothèse que V_2 est simplement une copie qui signale que le verbe est mis en focus. Elle concerne la portée de la négation discutée précédemment et illustrée de nouveau en (40) :

(40) a. Klɔ́ wɛ̀ Kɔ̀kú klɔ́ mɔ́tò ɔ́ ǎ.
          laver wɛ̀ Koku laver voiture DÉT NÉG
          'Ce n'est pas laver que K. a fait à la voiture (par exemple, il l'a époussetée).'
          '*C'est laver que Koku n'a pas fait à la voiture.'

      b. Klɔ́ wɛ̀ Kɔ̀kú mà klɔ́ mɔ́tò ɔ́ ǎ.
          laver wɛ̀ Koku NÉG. laver voiture DÉT NÉG
          'C'est laver que Koku n'a pas fait à la voiture.'
          '*Ce n'est pas laver que Koku a fait à la voiture.'

L'interprétation sémantique de (40a) montre que le prédicat clivé (V_2) est dans la portée de la négation ă. En (40b) par contre, la présence du marqueur de portée négative *mà* met le prédicat clivé à l'extérieur de la portée de la négation. L'interprétation de cette structure est quelque chose comme 'de tout ce que Koku avait à faire sur la voiture (réparation, peinture, nettoyage, lavage, etc.), c'est le lavage qui n'a pas été fait'. Si le prédicat clivé (V_2) était simplement une copie, (40b) aurait la même interprétation que (40a), et donc le marqueur de portée négative *mà* n'aurait pas de rôle à jouer dans ces structures, ce qui n'est évidemment pas le cas. Par conséquent, une analyse qui considère V_2 comme n'ayant pas de contenu sémantique est inexacte.

Restons dans l'hypothèse qu'il n'y a pas de déplacement et considérons à présent que la copie est V_1 et non V_2. Si c'est V_2 qui porte le contenu thématique du prédicat clivé, les effets de portée de la négation en (40a-b) deviennent prédictibles. Cependant, cette hypothèse soulève quelques questions. La première concerne l'assignation des rôles thématiques aux arguments du verbe. Conventionnellement, on admet que cette assignation requiert que l'assignateur (ou sa trace) et ses arguments soient dans une relation de localité/gouvernement, ce qui n'est pas le cas dans ces structures à prédicat clivé, puisque V_1, qui ne serait pas une trace dans l'hypothèse qu'il n'y a pas de déplacement, ne pourrait pas assigner de rôles thématiques aux arguments du prédicat clivé, tandis que V_2 n'est pas dans la configuration structurale requise pour attribuer ses rôles thématiques ; le théta-critère serait donc violé. Évidemment, on pourrait recourir à un mécanisme *ad hoc* comme la coïndexation des arguments à la grille thématique de V_2, sauf que cette solution, dépourvue de contraintes, compliquerait inutilement la grammaire et risquerait de surgénérer des structures inacceptables.

Le deuxième problème que pose l'hypothèse qui considère V_2 comme étant engendré en base dans sa position de surface tient à la réalisation de la copie V_1. Étant donné que V_2 est effectivement l'élément qui porte le contenu sémantique du verbe clivé, on ne voit pas dans cette hypothèse quelle serait la motivation théorique pour la présence obligatoire de V_1.

Enfin, la dernière preuve contre une analyse qui considère la position de surface du prédicat clivé comme une position basique plutôt qu'une position dérivée est donnée par les faits de (41-43). Ceux-ci concernent les effets de Sous-Jacence. Les exemples (41b) et (42b) illustrent l'impossibilité de cliver le prédicat lorsque le verbe de la proposition matrice n'est pas un *bridge verb* « verbe-pont », comme c'est le cas de *wílinúɖɔ* 'chuchoter'. L'exemple (43b) montre que le clivage du prédicat hors d'un NP complexe n'est pas permis.

(41) a. N   ɖì   ɖɔ   Kɔkú klɔ́   mɔ́tò   ɔ́.
          je   penser que   Koku laver voiture DÉT
          'Je pense que Koku a lavé la voiture.'

      b. Klɔ́ wὲ n   ɖì   ɖɔ   Kɔkú klɔ́   mɔ́tò   ɔ́.
          laver wὲ je penser que   Koku laver voiture DÉT
          'C'est laver que je pense que Koku a fait à la voiture.'

(42) a. N   wílínúɖɔ́   ɖɔ̀   Kɔ̀kú   klɔ́   mɔ̃́tò   ɔ́.
je   chuchoter   que   Koku   laver   voiture   DÉT
'J'ai chuchoté que Koku a lavé la voiture.'

b. * klɔ́   wɛ̀   n   wílínúɖɔ́   ɖɔ̀   Kɔ̀kú   klɔ́   mɔ̃́tò   ɔ́
laver   wɛ̀   je   chuchoter   que   Koku   laver   voiture   DÉT

(43) a. N   tùn   súnù   ɖèé   gbà   xwé   ɔ́.
je   connaître   homme   REL   détruire   maison   DÉT
'Je connais l'homme qui a détruit la maison.'

b. * gbà   wɛ̀   n   tùn   súnù   ɖèé   gbà   xwé   ɔ́
détruire   wɛ̀   je   connaître   homme   REL   détruire   maison   DÉT

Dans une analyse sans déplacement, rien n'empêcherait en principe que les structures (b) de (42-43) soient acceptables comme l'est (41b).

Considérons à présent l'autre alternative, à savoir que le prédicat clivé (V_2) est *déplacé* en syntaxe par mouvement de tête. Dans cette optique, la question de l'assignation des rôles thématiques aux arguments du verbe clivé ne se pose pas, si on admet que ces rôles sont assignés dès la D-structure. D'autre part, l'agrammaticalité des structures (b) de (42-43) devient prédictible puisque ces structures violent la Sous-Jacence qui est une condition sur le déplacement.

Cette analyse du clivage du prédicat en termes de déplacement de tête pose cependant un problème par rapport à la contrainte du déplacement de têtes (*Head Movement Constraint* (HMC)) de Travis (1984), qui requiert que le mouvement de X° se fasse de tête à tête et de façon strictement locale. Le clivage à longue distance du prédicat viole cette contrainte :

(44) a. Báyì   ɖɔ̀   ɖɔ̀   Kɔ̀kú   gbà   xwé   ɔ́.
Bayi   dire   que   Koku   détruire   maison   DÉT
'Bayi a dit que Koku a détruit la maison.'

b. Gbà   wɛ̀   Báyí   ɖɔ̀   ɖɔ̀   Kɔ̀kú   gbà   xwé   ɔ́.
détruire   wɛ̀   Báyí   dire   que   Koku   détruire   maison   DÉT
'C'est détruire que Bayi a dit que Koku a fait à la maison.'

Remarquons que cette contrainte est violée même dans les phrases simples comme celles de (45). Le clivage du prédicat en (45b) est un cas de déplacement long de tête dans la mesure où la position d'origine du prédicat clivé et celle d'arrivée sont séparées par une position tête de INFL.

(45) a. Kɔ̀kú   (ná)   gbà   xwé   ɔ́.
Koku   FUT   détruire   maison   DÉT
'Koku a détruit/détruira la maison.'

b. Gbà   (wɛ̀)   Kɔ̀kú   (ná)   gbà   xwé   ɔ́.
détruire   wɛ̀   Koku   FUT   détruire   maison   DÉT
'C'est détruire que Koku a détruit/détruira la maison.'

Si le clivage du prédicat implique un déplacement, et que l'élément déplacé est une tête comme nous l'avons démontré précédemment, les structures (b) de (44-45) constituent à cet effet des cas de violation de HMC. Néanmoins, si l'on admet avec Chomsky (1986), Baker (1988), Rizzi (1990), et d'autres, que HMC découle de ECP, les structures à prédicat clivé de (44) et (45) s'expliquent naturellement. Le verbe clivé se déplace en position de tête de CP comme représenté en (39) et la réalisation d'une copie dans son site d'extraction est dictée par ECP, car autrement la trace ne serait pas proprement gouvernée par son antécédent.

Cette analyse fait surgir une autre question : pourquoi le verbe clivé ne passe-t-il pas par INFL ? Si le verbe transite par INFL, de cette position il gouverne proprement sa trace. Par conséquent, on n'aurait pas besoin de copie dans le site d'extraction. Or, la copie doit être réalisée. D'autre part, si le verbe clivé passe par INFL, on s'attend à ce qu'il se déplace dans C° avec les marqueurs de INFL. Or, nous avons vu dans la première partie que la présence de marqueurs de INFL dans l'expression clivée [α wὲ] entraîne l'agrammaticalité. Ces faits suggèrent que le déplacement de V° à C° dans ces constructions s'effectue par-dessus INFL.

Comment justifier ce mouvement long de V° ? Dans la littérature, la montée du verbe dans INFL est motivée par le statut morphologique de ce composant qui, de ce fait, requiert un soutien lexical pour se réaliser en syntaxe [9] (Lasnik, 1981; Chomsky, 1989). Tel est le cas en français ou en anglais. Le statut affixal de INFL en fòngbè n'est par contre pas motivé, d'autant que la tête de IP n'est pas morphologiquement réalisée. Il n'est pas non plus évident que la marque du futur nà et les autres marqueurs (modaux ou aspectuels) qu'on trouve entre le sujet et le verbe dans cette langue soient des affixes. Dès lors, si le déplacement du verbe dans INFL est requis pour des considérations strictement morphologiques, rien n'oblige, en fòngbè, que le verbe passe par INFL dans son déplacement vers C°. Par ailleurs, en dépit de l'absence des marqueurs temporels dans les phrases à temps fini du fòngbè, on peut supposer l'existence d'une projection temporelle (TP) dont la tête serait phonétiquement vide, mais comportant une matrice de traits spécifiés. Si, dans son déplacement vers C°, le verbe clivé passait par la tête de TP, il acquérerait de cette position les traits temporels contenus dans la tête de TP. Or, à notre connaissance, il n'y a pas de langue à clivage du prédicat où celui-ci apparaît dans sa position clivée, pourvue d'une flexion *temporelle* (passé/présent). Ceci n'exclut évidemment pas que le prédicat clivé puisse avoir des marqueurs aspectuels puisque ceux-ci peuvent par ailleurs apparaître même dans les phrases infinitives. Nous considérons donc ce fait comme une restriction générale qui force le déplacement sans transition de V° de sa position de base à la tête de CP. Ce déplacement long de V° réalise la copie verbale dans le site d'extraction, afin de satisfaire ECP.

---

[9] Une autre proposition est celle de Pollock (1989) qui attribue le mouvement de V à T (temps) au statut d'opérateur du temps qui, de ce fait, doit avoir une variable à lier. Cette justification ne nous semble pas satisfaisante du fait, entre autres, que le liage peut s'effectuer à LF.

Notons enfin que cette stratégie résomptive existe par ailleurs dans la grammaire du fɔngbè. Tel est le cas de l'extraction à distance du sujet illustrée ci-dessous. En (46b), l'extraction locale du sujet ne requiert pas la présence d'un pronom résomptif. Ceci se justifie dans la mesure où la trace laissée en position de sujet est proprement gouvernée par son antécédent en position [Spéc,CP] de la proposition enchâssée. De plus, la présence obligatoire du marqueur de focus est requise pour permettre le gouvernement par la tête C° (*Head-Government*) de la trace en position de sujet. En (46c) par contre, l'extraction à distance du sujet requiert la présence d'un pronom résomptif, car autrement la trace du sujet extrait ne serait pas proprement gouvernée par son antécédent. Il est intéressant de noter qu'ici le marqueur de focus devient facultatif. Enfin, l'extraction locale (46d) ou à distance de l'objet en (46e) ne requiert ni le pronom résomptif, ni *wè*, puisque sa trace est gouvernée par la tête verbale. D'autre part, le Déplacement-QU de l'objet procède d'abord par adjonction à VP, qui est permise puisque ce VP n'est pas un argument (Chomsky, 1986). Or, dans cette position, la trace est proprement gouvernée par antécédence.

(46) a. Báyí ɖì ɖɔ Kɔkú gbà xwé ɔ́.
   Bayi penser que Koku détruire maison DÉT
   'Bayi pense que Koku a détruit la maison.'

 b. Báyí ɖì ɖɔ Kɔkú$_i$ *(wè) t$_i$ gbà xwé ɔ́.
   Bayi penser que Koku wè détruire maison DÉT
   'Bayi pense que c'est Koku qui a détruit la maison.'

 c. Kɔkú (wè) Báyí ɖì ɖɔ *(é) gbà xwé ɔ́.
   Koku wè Bayi penser que 3SG détruire maison DÉT
   'C'est Koku que Bayi pense qui a détruit la maison.'

 d. Báyí ɖì ɖɔ [xwé ɔ́]$_i$ (wè) Kɔkú gbà t$_i$
   Bayi penser que maison DÉT wè Koku détruire
   'Bayi pense que c'est la maison que Koku a détruite.'

 e. [xwé ɔ́]$_i$ (wè) Báyí ɖì ɖɔ Kɔkú gbà t$_i$
   maison DÉT wè Bayi penser que Koku détruire
   'C'est la maison que Bayi pense que Koku a détruite.'

D'autres contextes où la stratégie résomptive est mise en oeuvre sont illustrés par les structures de (47-48). L'extraction du NP complément locatif de *ɖò* en (47b) exige la réalisation d'une trace lexicale. Les mêmes effets se retrouvent en (48) où, à partir de (48a) qui est une structure à l'aspect progressif, le clivage du complément de *ɖò* nécessite la réalisation d'une trace lexicale (cf. 48b) :

(47) a. Kɔkú wlán nǔ ɖò távò jì.
   Koku écrire chose être-à table sur
   'Koku a écrit en étant sur la table.'

    b.   Távò jì (wὲ) Kɔkú wlán nŭ ɖò *(è).
        table sur wὲ Koku écrire chose LOC 3SG
        'C'est en étant sur la table que Koku a écrit.'

(48) a.   Kɔkú ɖò xwé ɔ́ gbà wὲ.
        Koku être maison DÉT détruire wὲ
        'Koku est en train de détruire la maison.'

    b.   Xwé ɔ́ gbà wὲ Kɔkú ɖò *(è).
        maison DÉT détruire wὲ Koku être-à 3SG
        'C'est détruire la maison que Koku est en train de faire.'

La présence obligatoire du pronom résomptif dans le site d'extraction du complément de *ɖò* suggère que ce dernier n'est pas un gouverneur propre.

En résumé, nous avons soutenu dans cette partie une analyse du clivage du prédicat en termes de déplacement long de V°. Nous avons montré qu'une telle hypothèse ne viole aucun principe de la théorie du déplacement (ECP et Sous-Jacence en particulier). Nous avons attribué la réalisation de la copie verbale dans le site d'extraction à ECP, et nous avons montré que cette stratégie résomptive est présente par ailleurs dans la grammaire du fɔngbè. Dans la partie suivante, nous examinons les restrictions sémantiques sur le clivage du prédicat.

5. RESTRICTION SÉMANTIQUE SUR LE CLIVAGE DU PRÉDICAT

Si l'analyse des constructions à prédicat clivé en fɔngbè se limitait à ces considérations purement structurales comme ECP et Sous-Jacence, on s'attendrait à ce que le clivage du prédicat opère librement, moyennant ces principes syntaxiques. Or, les faits montrent que ce phénomène n'est pas que syntaxique. C'est ce qu'illustrent les exemples de (49-50). Avec des verbes comme *yì* 'partir' et *klɔ́* 'laver', le clivage est permis (cf. 49) alors qu'il produit des structures agrammaticales avec des verbes comme *sè* 'entendre' et *mɔ̀* 'voir' (cf. 50).

(49) a.   Yì wὲ Kɔkú yì.
        partir wὲ Koku partir
        'C'est partir que Koku a fait.'

    b.   Klɔ́ wὲ Kɔkú klɔ́ mɔ́tò ɔ́.
        laver wὲ Koku laver voiture DÉT
        'C'est laver que Koku a fait à la voiture.'

(50) a. * sè   wὲ Kɔkú sè   fɔngbè
        entendre wὲ Koku entendre fɔngbè

    b. * mɔ̀   wὲ Kɔkú mɔ̀ àjòtɔ́ ɔ́
        voir wὲ Koku voir voleur DÉT
        'C'est voir que Koku a fait au voleur.'

Dans leur analyse du clivage du prédicat en créole haïtien, Larson et Lefebvre (sous presse) ont montré qu'il existe une restriction aspectuelle sur les classes de prédicats éligibles pour le clivage. Utilisant la classification de Kratzer (1988) entre les « prédicats transitoires » (*Stage-Level Predicates*), à savoir ceux qui contiennent une position d'événement dans leur structure argumentale, et les « prédicats caractéristiques » (*Individual-Level Predicates*), à savoir ceux qui ne contiennent pas cette position d'événement, ils supposent que seuls les premiers peuvent être clivés, et ils analysent le clivage du prédicat comme une quantification sur l'événement exprimé par le verbe. Nous aimerions pousser plus loin cette généralisation et proposer une contrainte sémantique plus générale motivée par l'observation suivante. Il est des contextes où un « prédicat caractéristique » peut être clivé, et des contextes où un « prédicat transitoire » résiste au clivage. Ces contextes sont illustrés en (51) et (52) respectivement. L'ajout d'un modifieur à un prédicat comme *mɔ* 'voir', en principe non clivable (cf. (50b)), autorise le clivage (cf. (51b)) alors que ce dernier est exclu quand on ajoute un modifieur [10] à un « prédicat transitoire », en principe clivable, comme *klɔ* 'laver' (comparer (49b) et (52b)).

(51) a. Kɔkú mɔ̀ àjòtɔ́ ɔ́   kpó nùkún tɔ̀n kpó.
          Koku voir voleur DÉT avec yeux ses avec
          'Koku a vu le voleur de ses propres yeux.'

      b. Mɔ̀ wɛ̀ Kɔkú mɔ̀ àjòtɔ́ ɔ́   kpó nùkún tɔ̀n kpó.
          voir wɛ̀ Koku voir voleur DÉT avec yeux ses avec
          'C'est le voir que Koku a fait au voleur de ses propres yeux.'

(52) a. Kɔkú klɔ́ mɔ́tò ɔ́   kpó àɖí kpó.
          Koku laver voiture DÉT avec savon avec
          'Koku a lavé la voiture avec du savon.'

      b. *klɔ́ wɛ̀ Kɔkú klɔ́ mɔ́tò ɔ́   kpó àɖí kpó
          laver wɛ̀ Koku laver voiture DÉT avec savon avec

Les données de (51-52) montrent que les restrictions sémantiques sur le clivage du prédicat ne peuvent pas être réduites aux propriétés aspectuelles du verbe. Ya-t-il une autre solution ?

Des propositions ont été faites en grammaire générative pour rendre compte de certains faits d'extraction, propositions qui pourraient être mises à profit pour dégager la contrainte sémantique impliquée dans les faits de (49-52) ? C'est ainsi qu'Erteschik-Shir (1981) discute certains cas d'opacité du syntagme nominal par rapport à l'extraction, illustrés par les faits de l'anglais indiqués en (53-55). Alors que l'extraction du NP *Nixon* est possible en (53b) dans le contexte d'un verbe comme *write* 'écrire', elle n'est pas possible en (54b) avec un verbe comme *destroy* 'détruire'.

---

[10] Les différents types de modifieurs autorisant ou excluant le clivage du prédicat font l'objet d'un travail en cours.

Plus intéressant encore est le fait que dans ce dernier contexte, si le NP objet est quantifié, l'extraction devient possible (cf. 55).

(53) a. John wrote a book about Nixon.

b. Who did John write a book about ?

(54) a. John destroyed a book about Nixon.

b. *Who did John destroy a book about ?

(55) a. John destroyed all books about Nixon.

b. Who did John destroy all books about ?

Pour rendre compte des faits en (53-55), Erteschik-Shir (1981) propose une contrainte sémantique sur les possibilités d'extraction : la condition de dominance, qui postule essentiellement que l'extraction d'un constituant n'est possible que si ce dernier est dans un environnement discursif où il peut être interprété comme dominant. La définition de cette notion de « dominance » est donnée en (56).

(56)   *Dominance* (Erteschik-Shir 1981, p. 665) :
       Un constituant *c* d'un énoncé *S* est dominant dans *S* ssi, en énonçant *S*,
       le locuteur entend attirer l'attention de l'auditeur sur l'intension de *c*.
       (traduit par moi)

Ainsi, en comparant (53b) et (54b), on dira que l'agrammaticalité de (54b) est due au fait que le verbe *destroy* est interprété dans ce contexte comme étant plus dominant que son objet, et la bonne formation de (55b) serait attribuable à la quantification de l'objet qui permet de l'élever au rang de constituant dominant. Si l'objet de *destroy* n'est pas dominant en (54b), c'est parce que *destroy*, vu son sens, attire l'attention sur l'extension, le livre comme *token*, donc comme objet, plutôt que sur l'intension, quoi que ce soit qui satisfait à la description LIVRE ; et le contraire avec *write*. Autrement dit, *book* est extentionnel (référentiel) en (53), mais pas en (54). C'est cette condition sémantique de dominance que nous proposons pour rendre compte des faits relatifs au clivage du prédicat en (49-52). Un prédicat « caractéristique » serait interprété comme non dominant, auquel cas il ne pourra pas être clivé (50), à moins qu'un quantifieur lui soit adjoint (comme le quantifieur de « degré » en (51a)) qui lui permet d'être interprétable comme dominant (comme la quantification de l'objet en (55)), et autorise ainsi le clivage (51b). Un prédicat « transitoire » serait interprété comme dominant, et donc éligible pour le clivage (49). Lorsqu'il est adjoint à un modifieur, comme en (52a), c'est ce dernier qui devient dominant, ce qui exclut le clivage du prédicat dans cet environnement (52b).

6.   CONCLUSION

Les résultats auxquels la présente discussion a abouti se résument comme suit. Trois questions ont été abordées sur la syntaxe des constructions à prédicat clivé en fɔngbè.

La première a trait à la structure bi ou mono-propositionnelle de ces constructions. Nous avons proposé que ces structures (comme les autres « clivés » du fɔngbè) contiennent une seule proposition. Les preuves appuyant cette hypothèse concernent la distribution de la flexion verbale, les propriétés de la particule *wὲ*, ainsi que les effets de portée de la négation. Les deux autres questions concernent la position syntaxique du prédicat clivé. Il s'est agi de déterminer, d'une part, si cette position est une position basique ou dérivée et, d'autre part, si c'est une position X° ou XP. Par rapport à ces deux questions, nous avons argumenté en faveur d'une analyse du clivage du prédicat en termes de *Déplacement* long de *V°*. Nous avons interprété la réalisation d'une copie dans le site d'extraction comme découlant de ECP, et nous avons montré que cette stratégie résomptive est mise en oeuvre dans d'autres cas où ECP serait violé. Outre ces questions strictement syntaxiques, nous avons abordé la question relative aux restrictions sémantiques sur le clivage du prédicat. Nous avons à ce sujet proposé que ce phénomène est régi par une contrainte sémantique générale : la condition de dominance d'Erteschik-Shir (1981) dont la formalisation reste, il est vrai, à préciser.

BIBLIOGRAPHIE

AVOLONTO, A. – En préparation, « Les marqueurs préverbaux en fɔngbè », Université du Québec à Montréal.

BAKER, Mark C. – 1988, *Incorporation: A Theory of Grammatical Function Changing*, Chicago, University of Chicago Press.

CHOMSKY, N. – 1981, *Lectures on Government and Binding*, Dordrecht, Foris.

— 1986, *Barriers*, Cambridge, MA, MIT Press.

— 1989, « Some Notes on the Economy of Derivation and Representation », in *MIT Working Papers in Linguistics* 10: *Functional Heads and Clause Structure*, I. LAKA, et A. MAHAJAN (éds), p. 43-74, Cambridge, MA, MIT.

DOWTY, D. – 1979, *Word Meaning and Montague Grammar. The Semantics of Verbs And Times in Generative Semantics and in Montague's PTQ*, Dordrecht, Reidel.

EMONDS, J. – 1976, *A Transformational Approach to English Syntax*, New York, Academic Press.

ERTESCHIK-SHIR, N. – 1981, « More on Extractability from Quasi-NPs », *Linguistic Inquiry* 12, p. 665-670.

HEGGIE, L.-A. – 1988, « The Syntax of Copular Structures », Thèse de doctorat, Los Angeles, CA, University of Southern California.

HIGGINS, F.R. – 1973, « The Pseudocleft Construction in English », Thèse de doctorat, Cambridge, MA, MIT.

HORVATH, J. – 1985, *FOCUS in the Theory of Grammar and the Syntax of Hungarian*, Dordrecht, Foris.

KOOPMAN, H. – 1984, *The Syntax of Verbs: from Verb Movement Rules in the Kru Languages to Universal Grammar*, Dordrecht, Foris.

KRATZER, A. – 1988, « Stage-Level and Individual-Level Predicates », ms., University of Massachusetts at Amherst.

LARSON, R. et LEFEBVRE, C. – Sous presse, « Predicate Clefting in Haitian Creole », in *Proceedings of NELS 21 (1990)*, T. SHERER *et al*. (éds).

LASNIK, H. – 1981, « Restricting the Theory of Transformations: a Case study », in *Explanation in Linguistics*, N. HORNSTEIN et D. LIGHTFOOT (éds), (Longman).

LASNIK, H. et SAITO, M. – 1984, « On the Nature of Proper Government », *Linguistic Inquiry* 15, p. 235-290.

LONGOBARDI , G. – 1984, « Su alcune proprietà della sintassi e della forma logica delle frasi copulari », ms., Pisa.

NDAYIRAGIJE, J. – En préparation, « Syntaxe et sémantique du clivage du prédicat en fɔngbè », Université du Québec à Montréal.

POLLOCK, J.-Y. – 1989, « Verb Movement, Universal Grammar, and the Structure of IP », *Linguistic Inquiry* 20 (3), p. 365-424.

RAPOPORT, T.R. – 1987, « Copular, Nominal and Small Clauses: A Study in Israeli Hebrew », Thèse de doctorat, Cambridge, MA, MIT.

RIZZI, L. – 1990, *Relativized Minimality*, Cambridge, MA, MIT Press.

ROSS, J.R. – 1967, « Constraints on Variables in Syntax. Cambridge », Thèse de doctorat, Cambridge, MA, MIT.

SELLS, P. – 1984, « Syntax and Semantics of Resomptive Pronouns », Thèse de doctorat, University of Massachusetts at Amherst.

STOWELL, T. – 1981, « Origins of Phrase Structure », Thèse de doctorat, Cambridge, MA, MIT.

TRAVIS, L. – 1984, « Parameters and Effects of Word Order Variation », Thèse de doctorat, Cambridge, MA, MIT.

WILLIAMS, E. – 1983, « Semantic vs. Syntactic Categories », *Linguistics and Philosophy* 6, p. 423-446.

Aimé AVOLONTO

ARGUMENTS POUR UNE PROJECTION INJONCTIVE : LES PARTICULES MODALES DU FƆNGBÈ

1. INTRODUCTION

Le but du présent article est de déterminer les propriétés sémantiques et syntaxiques de certains morphèmes apparaissant entre le sujet et le verbe en fɔngbè : *ní* 'injonctif', *bó* 'permissif', *ló* 'avoir intérêt à', *vɛ́* 'néanmoins' [1], qui impliquent pour la phrase une certaine idée d'injonction. Hounkpatin (1984-85) distinguait déjà cette classe quand il écrivait à propos des « quatre modalités apparaissant dans l'énoncé marqué et complet » qu'elles « [...] portent toutes la marque de l'injonctif, puisqu'aussi bien l'optatif que le permissif comportent les caractéristiques sémantiques principales d'un ordre poli ou atténué » (p. 119).

Les questions auxquelles je tenterai d'apporter des réponses dans cet article sont entre autres, les suivantes :

– Quelle est la contribution sémantique de chacun de ces morphèmes à l'intérieur des phrases ?

---

[1] Les étiquettes ne sont là que pour faciliter la présentation. En réalité, aucune d'elles ne rend vraiment le sens des morphèmes. Je les abandonnerai donc dès que possible.

– Quelle est la position syntaxique de chacun de ces morphèmes ? Notamment, sont-ils la tête du syntagme phrastique ou occupent-ils une autre position dans la phrase ?

S'agissant de la première question, je montrerai que le rôle sémantique des morphèmes étudiés ici est de donner le sens d'un ordre à la phrase dans laquelle ils apparaissent. Je montrerai ensuite que ces morphèmes sont ce que j'appellerai des particules modales, par opposition aux véritables verbes modaux.

Quant à la deuxième question, je tâcherai de montrer que *ní* est la tête d'un sytagme injonctif (INJP). Je considérerai par ailleurs que cette projection est une projection maximale tenant la place de TP (cf. Pollock, 1989) dans les propositions injonctives en général, et dans les impératifs en particulier. La tête de cette projection assigne le cas nominatif au sujet.

Mon propos s'organise en cinq parties. Dans la première, je présenterai les particules modales du fɔngbè. Dans la deuxième, je parlerai de l'impératif. Je donnerai dans la troisième des arguments sur la nécessité d'avoir une projection injonctive dans les propositions injonctives en général. La quatrième sera consacrée aux implications d'une telle projection. La conclusion de cet article fera l'essentiel de la dernière partie.

2. LES PARTICULES MODALES DU FƆNGBÈ

Dans cette partie, je commencerai par présenter les différents sens de *ní*, *bó*, *ló* et *vέ* à l'intérieur des phrases ainsi que leurs différentes possibilités combinatoires. Ensuite, j'essaierai de montrer que, bien que modaux du fait de leur sémantique, ils se distinguent des véritables verbes modaux de par leurs comportements syntaxiques. Ce qui m'amènera à proposer de les considérer comme particules modales et de les distinguer des verbes modaux.

2.1.   COMPORTEMENT SÉMANTIQUE DES PARTICULES MODALES

Considérons les phrases en (1) [2]

(1)   a.   Kɔjó   dó   gbàdé.
              Kodjo   semer   maïs
              'Kodjo a semé du maïs.'

       b.   Kɔjó   ní   dó   gbàdé.
              Kodjo   ní   semer maïs
              'Que Kodjo sème du maïs.'

---

[2] L'orthographe utilisée est celle officiellement en vigueur. À l'intérieur des phrases, les tons lexicaux des items peuvent connaître certaines modifications contextuelles qui ne sont pas pertinentes pour l'analyse. Ces modifications ne seront donc pas prises en compte.

Par rapport à (1a), on voit que la présence de *ní* en (1b) donne le sens d'un ordre à la phrase. L'exécutant d'un tel ordre est censé être physiquement absent du contexte d'énonciation de la phrase. En réalité, même si l'exécutant est physiquement présent, celui qui donne l'ordre ignore littéralement cette présence. L'ordre doit donc être transmis à l'exécutant. Celui qui transmet l'ordre utilisera également *ní* comme dans l'exemple suivant :

(2)   Yè   ɖɔ̀   à   ní   ɖó   gbàdé.
        on   dire 2SG ní semer maïs
        'Il a été demandé que tu sèmes du maïs.'

Ní n'apparaît que dans des phrases impliquant un ordre. Il en est de même pour *ló*, *bó* et *vέ*. Cependant, si *ní* peut apparaître avec tous les sujets, *ló*, *bó* et *vέ* ne peuvent apparaître seuls que dans un contexte de deuxième personne. C'est seulement en combinaison avec *ní*, comme on le verra en 1.2., qu'ils peuvent suivre n'importe quel sujet. Ainsi, dans les exemples suivants, (3a-c) sont possibles alors que (3d) est agrammatical.

(3)   a.   Mì   ló   ɖó   gbàdé.
           2PL ló semer maïs
           'Semez du maïs (vous y avez intérêt).'

      b.   Mì   bó   ɖó   gbàdé.
           2PL bó semer maïs
           'Semez du maïs (vous avez l'autorisation).'

      c.   Mì   vέ   ɖó   gbàdé.
           2PL vέ semer maïs
           'Semez (quand même) du maïs.'

      d. * Kɔ̀jó ló dó gbàdé

Alors que (1b) correspond à ce qu'on appellerait en français une injonction, les phrases (3a-c) sont des impératifs nuancés par les sens respectifs de *ló*, *bó* et *vέ*. En attendant de discuter plus loin de l'impératif en fɔngbè, voyons les différentes possibilités de combinaison de *ní*, *ló*, *bó* et *vέ*.

2.2.   POSSIBILITÉS COMBINATOIRES

Comme l'illustrent les exemples suivants, *ní* peut se combiner avec *ló*, *bó* ou *vέ*.

(4)   a.   Kɔ̀jó   ní   ló   ɖó   gbàdé.
           Kodjo ní ló semer maïs
           'Que Kodjo sème du maïs (il a intérêt à le faire).'

      b.   Kɔ̀jó   ní   bó   ɖó   gbàdé.
           Kodjo ní bó semer maïs
           'Que Kodjo sème du maïs (la permission en est donnée).'

    c.   Kɔ̀jó   ní   vέ   dó   gbàdé.
         Kodjo ní   vέ   semer   maïs
         'Que Kodjo sème (quand même) du maïs.'

Dans chacun des exemples en (4), l'ordre est toujours présent, mais il est modifié par les nuances respectives de *ló*, *bó*, et *vέ*. En effet, si la phrase n'implique pas forcément une menace pour le cas où l'ordre ne serait pas exécuté en (1b), une menace est en revanche perceptible dans les phrases (4a-c) et elle peut avoir différentes sources si l'ordre venait à être enfreint. (4a) laisse clairement entendre à Kodjo l'intérêt qu'il a de semer du maïs. Ici, la menace ou l'inconvénient, si l'ordre n'était pas exécuté, ne viendrait pas (forcément) du locuteur, mais (plutôt et surtout) d'une source extérieure à lui. En (4b), par contre, c'est l'idée de permission donnée qui modifie le sens injonctif de la phrase. La phrase est une permission suite à une requête de Kodjo (ou de quelqu'un d'autre pour lui) de semer du maïs qui ne lui avait pas été encore accordée. Avec *bó*, l'accord vient sous la forme d'un ordre atténué par la permission. L'inconvénient éventuel, si Kodjo ne semait pas le maïs, lui viendrait plutôt d'une source extérieure à celui qui adresse l'ordre. En (4c), il y a un certain dépit de la part du locuteur qui cherche à maintenir l'ordre. *Vέ* dans la phrase vient donc signifier à celui en direction de qui l'ordre est adressé qu'il n'a pas le choix d'exécuter cet ordre. Sans être donc radical, l'ordre donné ne doit pas être contesté.

    Par ailleurs, le contraste entre (4a-c) et les exemples suivants indique que dans une combinaison de *ní* avec *ló*, *bó* ou *vέ*, *ní* doit être le plus à gauche.

    (5)   a. * Kɔ̀jó bó ní dó gbàdé

          b. * Kɔ̀jó ló ní dó gbàdé

          c. * Kɔ̀jó vέ ní dó gbàdé

Si *ní* implique alors une injonction, *ló*, *bó* et *vέ* se comportent comme modifiant un ordre. Je discuterai davantage dans la partie sur l'impératif de ce caractère modifieur de *ló*, *bó* et *vέ*. Notons cependant que *ló*, *bó* et *vέ* ne peuvent pas se combiner dans une même phrase comme l'indiquent les exemples en (6).

    (6)   a. * Kɔ̀jó bó ló dó gbàdé

          b. * Kɔ̀jó bó vέ dó gbàdé

          c. * Kɔ̀jó ló bó dó gbàdé

          d. * Kɔ̀jó ló vέ dó gbàdé

          e. * Kɔ̀jó vέ bó dó gbàdé

          f. * Kɔ̀jó vέ ló dó gbàdé

Les possibilités de combinaison de *ní*, *ló*, *bó* et *vέ* peuvent donc se résumer dans le tableau suivant :

Tableau 1. — Tableau récapitulatif des combinaisons

	ní	bó	ló	vέ
ní ⇒	/	ok	ok	ok
bó ⇒	*	/	*	*
ló ⇒	*	*	/	*
vέ ⇒	*	*	*	/

Les différents exemples ci-dessus suggèrent deux classes pour ces morphèmes. D'une part, il y a la classe composée par *ló*, *bó* et *vέ*. D'autre part, il y a la classe de *ní*.

2.3.   PARTICULES MODALES VERSUS VERBES MODAUX

J'ai souligné en 2.1. et 2.2. que *ní* marque sur la phrase la notion d'injonction, parfois modifiée par les nuances d'intérêt, de permission et d'obligation respectivement contenues dans le sens de *ló*, *bó* et *vέ*.

Suivant Steele (1978 : 20), ces éléments sont donc des modaux dans la mesure où ils se conforment à sa définition des modaux : « Par modaux, je désigne des éléments qui indiquent l'une ou l'autre de ces notions : possibilité ou permission; probabilité ou obligation; certitude ou nécessité (traduit par moi) ».

En fɔngbè, il existe des modaux qui ont un comportement verbal et d'autres qui n'ont rien d'un verbe. Plusieurs différences permettent de les distinguer. D'une part, les modaux verbaux tels que *sìxú* 'pouvoir' peuvent apparaître seuls comme prédicats, comme l'illustre (7), même si par eux-mêmes, ils ne peuvent pas constituer un événement.

(7)   Kɔkú   sìxú.
        Kokou   pouvoir
        'Kokou peut.'

Il est vrai que cette phrase ne peut être dite sans contexte. Cependant, située dans son contexte, on comprend parfaitement ce qu'elle veut dire. Par contre, lorsque nous considérons les exemples suivants, nous remarquons qu'aucun des morphèmes *ní*, *ló*, *bó* et *vέ* ne peut apparaître seul comme prédicat :

(8)   a. * Sìká ní

        b. * Sìká ló gbàdé

        c. * bó

        d. * vέ Kɔkú

En effet, aucun sens ne peut être donné aux exemples en (8) quelle que soit le contexte dans lequel on les situe. D'autre part, il existe en fɔngbè un marqueur de négation qui apparaît toujours à gauche des verbes comme en (9) :

(9)   Sìká   má   yì.
         Cica   NÉG partir
         'Cica n'est pas partie.'

Ce marqueur apparaît également dans le même environnement syntaxique pour les modaux verbaux.

(10)   Sìká   má   sìxú   yì
         Cica   NÉG pouvoir partir
         'Cica ne peut pas partir'

Par contre, il apparaît seulement à droite de *ní*, *bó*, *ló* et *vέ* et jamais à leur gauche comme le montrent les exemples en (11).

(11) a. Kɔ̀kú   ní   má   dɔ́   gbàdé   ó
          Kokou ní   NÉG semer maïs   incitatif
          'Que Kokou ne sème pas du maïs.'

      b. * Kɔ̀kú má ní/ló/bó/vέ dɔ́ gbàdé ó

Il y a également le morphème *ná* du futur qui peut apparaître avec aussi bien les verbes qui réfèrent à un événement que les modaux verbaux, mais qui ne se rencontre jamais avec les morphèmes modaux.

(12) a. Kɔ̀kú   ná   dɔ́   gbàdé.
          Kokou FUT semer maïs
          'Kokou sèmera du maïs.'

      b. Kɔ̀kú   ná   sìxú   dɔ́   gbàdé.
          Kokou FUT pouvoir semer maïs
          'Kokou pourra semer du maïs.'

      c. * Kɔ̀kú   ná   ní   dɔ́   gbàdé
           Kokou FUT ní   semer maïs

Comme on le remarque en (12b), c'est le verbe modal qui porte la marque du futur. Par contre, *ní*, *ló*, *bó* et *vέ* ne peuvent pas apparaître dans une phrase qui contient *ná*, même si celui-ci porte directement sur le verbe *dɔ́* 'semer' (p. ex., 12c). Ceci se trouve corroboré par (13) et (14) où, même en tentant de placer *ná* immédiatement avant le verbe dans des phrases contenant soit *ní*, soit *ló*, *bó* ou *vέ*, celles-ci sont tout aussi agrammaticales que (12c).

(13)   * Kɔ̀kú   ní   ná   dɔ́   gbàdé
          Kokou ní   FUT semer maïs

(14)   * mì   ló/bó/vέ   ná   dɔ́   gbàdé
          2PL ló/bó/vέ   FUT semer maïs

Les contrastes que relèvent les exemples ci-dessus entre *ní*, *ló*, *bó* et *vέ* et les autres modaux suggèrent qu'il existe deux formes de modaux en fɔngbè. D'une part, il y a ce qu'il convient d'appeler les verbes modaux, dont *sìxú* 'pouvoir' fait partie. D'autre part, il y a la catégorie des modaux formée par *ní*, *ló*, *bó* et *vέ* qui ne sont pas des verbes, mais qui répondent néanmoins à la définition des modaux ci-dessus. Ce type de modaux, je propose de les appeler « particules modales ». Les particules modales en fɔngbè sont des catégories fonctionnelles qui encodent dans leur sémantique le sens d'un ordre. C'est pourquoi il me paraît nécessaire de jeter un bref regard sur l'impératif et de voir sa relation avec les particules modales du fɔngbè.

3. L'IMPÉRATIF EN FƆNGBÈ

Dans beaucoup de langues, l'impératif a pour forme le radical ou la base verbale, sans aucun morphème qui indique la personne, le nombre ou le temps comme le montrent les exemples suivants :

    (15)   a.   mange   FRANÇAIS

            b.   eat   ANGLAIS

            c.   ɖù   FƆNGBÈ

            d.   lyá   KILÉGA

En (15), comme on le voit, le fɔngbè ne fait pas exception. Aucun sujet lexical n'est utilisé avec le verbe. Pourtant, la référence au sujet dans chacun des exemples de (15) est la deuxième personne du singulier. Il n'y a rien de surprenant à cela. En effet, d'un point de vue pragmatique, la situation où un impératif peut le mieux être compris comme tel sans équivoque, c'est celle où le locuteur et son interlocuteur sont l'un en face de l'autre. Les langues peuvent donc choisir de ne pas exprimer le sujet, à moins que celui-ci ne soit directement interpellé.

Les langues choisissent entre différentes possibilités lorsque le sujet de l'impératif est pluriel. Les langues à accord en personne comme le français marquent cet accord sur le verbe. On aura donc pour les première et deuxième personnes du pluriel en français des formes comme celles en (16).

    (16)   a.   Mangeons !

            b.   Mangez !

Dans les langues sans accord en personne comme le fɔngbè, on utilisera forcément un sujet lexical. La phrase obtenue devient alors ambiguë entre l'indicatif et l'impératif. C'est ce que nous montrent les exemples suivants :

    (17)   a.   Mì   ɖù.   FƆNGBÈ
                2PL   manger
                'Vous avez mangé.'
                'Mangez.'

            b.   ɛ̀   jɛ̀.   YORUBA
                2PL   manger
                'Vous avez mangé.'
                'Mangez.'

Comme on le remarque, c'est la même forme qui est utilisée aussi bien pour l'indicatif que pour l'impératif. Les langues comme l'italien, par contre, seraient à la fois comme le français et le fɔngbè. En effet, on suppose que c'est la présence d'un accord en personne riche (*rich agreement*) qui permet l'élision du sujet, y compris à l'indicatif. Ainsi, une forme comme (18) est ambiguë entre la deuxième personne du pluriel du présent de l'indicatif, 'Vous mangez.', et l'impératif à la deuxième personne du pluriel, 'Mangez.'

(18)   Mangiate.

Pour Zanuttini (1990), l'exemple (18) n'est pas une véritable forme impérative, mais une forme substituée, parce que l'italien n'aurait qu'une seule forme impérative : celle de la deuxième personne du singulier illustrée en (19) :

(19)   Mangia.
          'Mange.'

Considérons de nouveau le cas du fɔngbè. En fɔngbè, l'impératif en (15c) peut être modifié par les nuances respectivement contenues dans *ló*, *bó* et *vɛ́*. On peut donc dire :

(20) a.   Ló   ɖù.
           'Mange ! (tu y as intérêt)'

      b.   Bó   ɖù
           'Mange ! (tu as la permission)'

      c.   Vɛ́   ɖù
           'Mange ! (quand même)'

Malgré les nuances qu'elles apportent respectivement, les particules *ló*, *bó* et *vɛ́* n'altèrent pas le sens impératif des phrases de (20). Cela veut donc dire qu'en réalité, ce n'est pas *ló*, *bó* et *vɛ́* qui encodent le sens de l'ordre. En effet, malgré leur absence en (15c), la phrase a quand même un sens impératif. Celui-ci se trouverait-il alors dans le verbe ? Rien ne semble moins évident. En effet, considérons les phrases suivantes :

(21) a.   Mì   ɖù.
           2PL   manger
           'Vous avez mangé.'

      b.   Mì   ní   ɖù.
           2PL   ní   manger
           '(Il faut que) vous mangiez.'

Seule la présence de *ní* en (21b) donne à la phrase un sens injonctif. Puisque la présence de *ní* entraîne une interprétation injonctive, on peut faire l'hypothèse que la forme sémantique de la phrase contient une catégorie fonctionnelle injonctive réalisée par *ní*. C'est donc la substitution à *ní* d'un morphème phonétiquement nul qui donne aux phrases leur sens impératif et c'est la catégorie injonctive que les adverbes *ló*, *bó* et *vɛ́* modifient. Ceci explique pourquoi ils ne peuvent pas apparaître dans les phrases indicatives. Le sens impératif de (17a) se représente donc comme suit :

(22)   Mì   Ø   ɖù.
          2PL   injonctif   manger
          'Mangez.'

Le morphème Ø étant phonétiquement vide, la phrase peut en effet être confondue avec une proposition assertive. En attendant de voir plus loin la position que *ló*, *bó* et *vɛ́* occupent dans une représentation, considérons d'abord *ní* et Ø. Ainsi, les représentation en (23) correspondent respectivement à (21a), (22) et (21b).

(23)   a.   b.

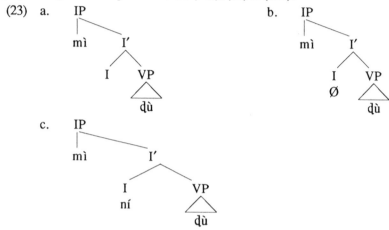

La différence entre (23b) et (23c) est celle entre une vraie phrase impérative et une phrase simplement injonctive. Or, cette différence tient uniquement à la manière dont le poids de l'ordre est perçu dans l'un ou l'autre cas. Il est évident que la force illocutoire d'un impératif est plus perceptible que celle d'une simple injonction. Cependant, en tant qu'expressions d'un ordre, impératif et injonctif ne diffèrent que par le style d'énonciation. Par conséquent, l'impératif aussi bien que l'injonction seront considérés comme des injonctifs dans la suite de ce travail. Comme on le voit en (23b) et (23c), *ní* et Ø sont des têtes qui appartiennent au même paradigme dans INFL. Considérer *ní* comme une tête fonctionnelle équivalente au morphème de l'impératif entraîne plusieurs implications théoriques que je discuterai dans la suite.

4. ARGUMENTS POUR UNE PROJECTION INJONCTIVE EN SYNTAXE

Pour revenir à l'exemple de l'italien en (18), on peut dire qu'en réalité, il n'existe aucune ambiguïté au niveau de cette phrase. En effet, dans un seul et même contexte de discours, on ne peut comprendre *mangiate* à la fois comme un ordre et comme une phrase indicative. Ce n'est d'ailleurs pas un fait propre à l'italien. Comme le fait remarquer Guillaume (1929) commenté par Grévisse (1975 :611) pour le français, il est courant que « l'impératif emprunte sa flexion, soit à l'indicatif, soit au subjonctif ».

Par conséquent, pour autant que l'impératif deuxième personne du pluriel emprunte sa forme à l'indicatif, il n'en demeure pas moins l'impératif.

À la suite de Pollock (1989) et Chomsky (1991), pour ne citer que ceux-là, j'adopterai la thèse de l'éclatement de INFL en différentes catégories fonctionnelles. Je propose de considérer que Ø et *ní* projettent un syntagme injonctif (INJP). (23b) et (23c) deviennent alors respectivement les structures suivantes :

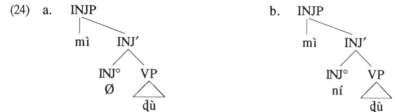

(24) a. INJP   b. INJP

(24b) montre que *ní* occupe également la tête de INJP. Je rappelle ici que je considère aussi bien l'impératif que l'injonction comme des phrases injonctives, et que la seule différence entre les deux se situe au niveau du poids de l'ordre. En fɔngbè, la différence entre *ní* et Ø tient à ce que *ní* est compatible avec n'importe quel sujet, alors que Ø ne l'est qu'avec un sujet de deuxième personne. Une explication possible à cela est que Ø est marqué pour la deuxième personne, et que *ní* n'est marqué pour aucune personne. La prédiction qui découle d'une telle affirmation est qu'en l'absence de sujet lexical, Ø réfère toujours à la deuxième personne, tandis que *ní* est la non-personne, c'est-à-dire la troisième personne du singulier (cf. Benveniste, 1966). C'est ce que montrent les faits suivants :

(25) a. ɖù   = [Ø[ɖù]]
          mange (2SG)

      b. ní ɖù   [ní[ɖù]]
          'Qu'il mange.' (3SG)

En (26), comme on le remarque, le pronom sujet deuxième personne du pluriel est obligatoire pour que l'impératif s'adresse à plusieurs personnes à la fois.

(26) a. Ø   ɖù
          INJ   manger
          'Mange / *Mangez'

      b. Mì   Ø   ɖù.
          2PL   INJ   ɖù
          'Mangez.'

On peut expliquer (26) par le fait que, en fɔngbè, le nombre doit être marqué. Par conséquent, lorsqu'il ne l'est pas, la référence est le singulier. La possibilité d'avoir un sujet lexical dans cette phrase donne à penser que la position sujet d'un impératif est une position casuelle. Contrairement donc à Bures (1989), je propose que, dans une phrase impérative, le sujet ne soit pas PRO. Indépendamment d'une projection injonctive ou pas, les propriétés mêmes de PRO l'empêchent d'être considéré comme sujet possible d'un impératif. En effet, la théorie veut que PRO soit, ou contrôlé, ou arbitraire. Or apparemment, le sujet d'une phrase impérative ne semble ni contrôlé, ni arbitraire. Dans le cas de (26b), quelle que soit la structure proposée pour la phrase, il faut que le sujet *mì* soit gouverné par son assignateur de cas. PRO ne pouvant être gouverné, il ne peut donc commuter avec *mì*. Le seul élément remplissant les conditions pour entrer dans le paradigme de *mì* est pro [3]. Quoique la langue ne montre aucun cas d'accord, le fɔngbè peut être analysé comme une langue à sujet nul. En effet, selon Biloa (1991) reprenant une idée de Jaeggli et Safir (1989), « l'accord riche » (*rich agreement*) n'est pas la véritable condition pour justifier la présence ou non d'un « sujet thématique nul ». Pour lui, cette condition est plutôt « l'uniformité morphologique ». Celle-ci se définit par le fait que la flexion dans une langue prend uniquement une forme dérivée (radical + affixe), ou uniquement une forme non dérivée (radical seul). Ainsi, une langue qui aurait une flexion pouvant prendre l'une ou l'autre des deux formes n'aurait pas d'uniformité morphologique et ne pourrait accepter de sujet nul. Dans une langue comme le fɔngbè, en revanche, qui satisfait à cette condition de l'uniformité morphologique, c'est-à-dire où la flexion est uniquement non dérivée, le sujet nul est permis. En effet, le fɔngbè ne connaît pas de cas de flexion affixale. Le verbe n'est par conséquent jamais fléchi dans le sens où les verbes de l'italien et du français le sont par exemple. Les marques de flexion en fɔngbè se comportent comme des morphèmes apparaissant toujours entre le sujet et le verbe. On peut donc dire que le fɔngbè, du fait de son uniformité morphologique, offre la possibilité d'avoir un sujet nul. D'où le sujet tient-il son cas ? La réponse à cette question fera en partie l'objet de la partie suivante.

5. INJP EN FƆNGBÈ

La plupart des travaux sur l'impératif, notamment Bures (1989), Zanuttini (1990) et Cowper (1991), suggèrent l'absence d'une projection temporelle pour ce type de phrase. L'impossibilité d'avoir dans la même phrase le morphème *ná* du futur et la tête injonctive *ní* semble être un argument en faveur d'une telle hypothèse. Cela veut donc dire que, si c'est la tête de TP qui assigne au sujet le cas nominatif dans les phrases indicatives en fɔngbè, ce cas sera assigné par la tête d'une autre catégorie de INFL dans les phrases injonctives. Je propose que ce soit la tête de INJP. Ceci laisse donc supposer que le sujet se déplace de sa position initiale interne à VP (cf. Koopman et Sportiche, 1990) jusqu'à la position de spécifieur d'INJP. Par ailleurs, Cowper (1991) reprend l'idée de Bures (1989) selon laquelle les phrases impératives, à l'instar des phrases interrogatives, sont caractérisées par la présence d'un CP dont la tête a le trait [+ IMP]. Cowper explique par l'action d'ECP la montée du verbe en COMP proposée

---

[3] La différence entre PRO et pro tient au fait que PRO ne reçoit, ni de cas, ni de rôle thématique, alors que pro requiert aussi bien un cas qu'un rôle thématique, exactement comme les NPs lexicaux.

par Bures. Je reviendrai plus loin sur cette question d'ECP. Dans mon analyse, je
considère que [+ IMP] est plutôt l'un des traits qui définissent le morphème Ø de
l'impératif. La structure qu'on a alors des phrases injonctives serait exactement
parallèle à celle qu'on a des phrases indicatives. En effet, si les phrases indicatives sont
des TP en fɔngbè (cf. Avolonto, à paraître), les phrases injonctives sont des INJP. La
tête d'INJP peut être rempli soit par *ní*, soit par Ø. La différence entre les deux
morphèmes est que Ø est défini pour le trait [+ IMP] alors que *ní* n'a pas ce trait dans
sa définition matricielle. Les représentations de (27) correspondent alors respectivement
à la D-structure et à la S-structure de l'exemple de (24a), tandis que les représentations
de (28) correspondent respectivement à la D-structure et à la S-structure de l'exemple
(24b).

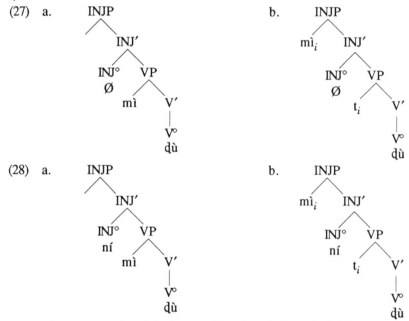

Comme on le remarque, le sujet *mì* en position de spécifieur de INJP est gouverné par
la tête de cette projection. Ø aussi bien que *ní* remplissent donc en (27b) et (28b) les
conditions pour assigner au sujet le cas nominatif. Si, en (28b), il ne se pose aucun
problème, il faudra par contre voir comment ECP est satisfait en (27b). En effet, pour
Stowell (1981) et Travis (1984), Ø, comme toute catégorie vide non pronominale, doit
satisfaire à ECP. Pour Cowper (1991), le verbe monte jusqu'à COMP en anglais pour
l'identification du trait [+ IMP]. Considérant que les phrases impératives ne comportent
pas de projection CP, et que le trait [+ IMP] rentre simplement dans la définition du
morphème Ø, comme je le propose ici, nous arrivons à la représentation (29) pour le
morphème de l'impératif.

(29)   Ø
            [+ 2^{e} pers/ + IMP]

Dans cette analyse, je réduis ECP pour les têtes fonctionnelles nulles au principe qui veut que ces têtes soient licites. En effet, pour Ndayiragije (en préparation), la seule présence d'un « matériel lexical », ou en spécifieur de la projection de cette tête, ou dans la tête elle-même, suffit à rendre licite une tête fonctionnelle nulle. C'est ce qu'il énonce par le principe suivant : « Une tête fonctionnelle α est licite ssi Spéc α P est remplie ou bien α est lexicalisé » (chap.3 p.19). La présence de *mì* en position de spécifieur de la structure en (27b) suffit donc à rendre licite la tête Ø avec laquelle il établit une relation d'accord spécifieur-tête (cf. Rizzi, 1990). C'est par cette relation que le cas nominatif est assigné dans ce genre de phrases. Par contre, lorsqu'on n'a pas de sujet lexical (p. ex., 26a), il faut que le verbe se déplace dans INJ°, afin de lexicaliser la tête d'INJP. Je supposerai que le déplacement du verbe à INJ° dans ce type de phrases est un mouvement par substitution de tête à tête. On aura alors la S-structure (30), où la position de spécifieur du syntagme est occupée par pro.

(30)

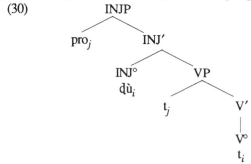

La situation est différente de celle qu'on a en (30) lorsque les adverbes *ló*, *bó* ou *vέ* modifient l'ordre. Suivant Travis (1988) et Rochette (1991) sur la position des adverbes, je propose qu'ils soient adjoints à la tête INJ°. On comprend mieux l'impossibilité relevée dans la partie 2.1. d'avoir *ló*, *bó* ou *vέ* avec un sujet autre que la deuxième personne lorsqu'ils n'apparaissent pas en combinaison avec *ní*. En effet, *ló*,*bó* et *vέ* sont des adverbes modifiant une tête injonctive. En absence de *ní*, la tête qu'ils modifient est forcément Ø qui est déjà marquée pour la deuxième personne. Il est donc impossible d'avoir un autre sujet avec Ø. Ainsi, lorsque la tête de INJ° est remplie par Ø et modifiée par l'un de ces adverbes, disons *ló*, on obtient la représentation (31) correspondant à la S-structure de la phrase considérée :

(31)

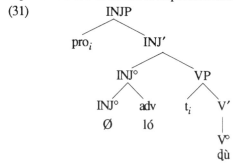

En (31), Il n'y a pas de violation de ECP. En effet, l'élément adverbial *ló* permet de rendre licite la tête fonctionnelle nulle Ø dont il est un segment (cf. Chomsky, 1986). Comme on le voit, le verbe ne se déplace donc pas, puisque ce qui motivait ce déplacement est déjà assuré par l'adverbe. Les particules modales *ló*, *bó* et *vé* sont par conséquent des adverbes adjoints à la tête de INJP, qu'elle soit remplie par *ní* ou par Ø. Ceci amène à la conclusion que les phrases matrices syntaxiquement injonctives sont des INJP [4]. Toutefois, même si les phrases injonctives reçoivent la même structure, il existe entre elles un certain nombre de différences syntaxiques selon qu'il s'agit d'un impératif ou d'une injonction simple. En effet, contrairement aux phrases avec *ní*, on ne peut pas poser des questions à partir d'un impératif [5] :

(32)   a. * mɛ̌ ɖù
          *qui mangez / mange ?

       b   Mɛ̌ ní ɖù wɔ́ ?
          'Qui (est-ce qu'il faut) qu'il mange la pâte ?

(33)   a. * étɛ́ mì ɖù
          *quoi/que mangez ?
          OK phrases déclaratives

       b.   Étɛ́ Sìká ní ɖù ?
          'Qu' (est-ce qu'il faut) que Cica mange ?

Cette impossibilité de poser des questions à partir des impératifs peut s'expliquer sytaxiquement par une incompatibilité du trait [+ WH] dans la tête de CP avec le trait [+ IMP] entrant dans la définition de la tête Ø de INJP. Il y aurait donc une violation du « head-head relation » de Chomsky (1986). *Ní* n'ayant pas le trait [+ IMP], la relation de sélection entre COMP et INJ° est respectée quand bien même la tête de CP a le trait [+ WH]. D'autre part, il est tout aussi possible d'enchâsser que de cliver le prédicat [6] avec les phrases contenant *ní*, alors que ces deux opérations syntaxiques sont impossibles avec l'impératif comme nous le montrent les exemples suivants :

(34)   a. * ùn jló ɖɔ̀ mì vé ɖù wɔ́
          *Je veux que mangez (quand même) de la pâte !

       b.   Ùn jló ɖɔ̀ mì ní v/ɖù wɔ́.
          'Je veux que vous mangiez (quand même) de la pâte.'

---

[4] Il est important de noter qu'il est uniquement question ici de constructions syntaxiquement injonctives, étant donné qu'il est également possible d'utiliser à des fins injonctives une phrase déclarative. Ainsi, on peut dire 'Tu laveras cette voiture-ci.' dans un contexte où on est en train de donner un ordre à quelqu'un.

[5] Les traductions françaises de ces phrases ne sont pas parfaites. En effet, il est plutôt difficile de rendre le sens exact de ces questions. C'est pour montrer qu'en (32), c'est le sujet qui est questionné, et qu'en (33), c'est l'argument interne du verbe, qu'on a préféré la traduction en « Il faut que »

[6] Pour la discussion sur le clivage du prédicat, cf. Ndayiragije (en préparation).

(35) a. * ɖù   wὲ   mì   ɖù   wɔ́   ɔ́
          manger FOCUS 2PL manger pâte DÉT
          OK phrase déclarative

      b.   ɖù wὲ mì ní ɖù wɔ́ ɔ́.
           'C'est manger qu'il faut que vous fassiez à la pâte.'

De l'observation des contrastes ci-dessus, on pourrait conclure que le trait [+ IMP] est incompatible avec n'importe quel trait pouvant apparaître dans CP. C'est toutefois une question qui reste ouverte. Une autre question également ouverte est celle de savoir pourquoi il est impossible de combiner les différents adverbes *ló*, *bó* et *vέ* entre eux. Est-ce parce qu'on ne peut adjoindre plus d'un élément à une tête, ou est-ce simplement parce qu'ils appartiennent sémantiquement à la même classe ?

6. CONCLUSION

D'un point de vue sémantique, l'étude de *ní, ló, bó et vέ* a permis de comprendre qu'en fɔngbè, les modaux se subdivisent en deux grands groupes. D'un côté il y a les verbes modaux, de l'autre il y a les particules modales. Cette étude a également permis de comprendre qu'à l'intérieur des particules modales, il y a la catégorie fonctionnelle *ní* et les adverbes injonctifs *ló, bó* et *vέ*.

D'un point de vue syntaxique, les particules modales du fɔngbè amènent à supposer une projection injonctive en syntaxe. Cette étude a par ailleurs éclairci la différence entre phrases déclaratives et phrases injonctives d'une part, et entre phrases impératives et injonctions simples d'autre part. Elle nous renseigne en même temps sur la structure possible de INFL dans des phrases impliquant un ordre de façon générale.

BIBLIOGRAPHIE

AVOLONTO, A. – À paraître, « AspP et la catégorie INFL en fɔngbè », *Journal of West African Languages.*

BENVENISTE, E. – 1966, *Problèmes de linguistique générale,* tome 1, Paris, Gallimard.

BILOA, E. – 1991, « Null Subjects, Identification and Proper Government », *Linguistics* 29 (1), p. 33-52.

BURES, A. – 1989, « What do we do with do? », ms., University of Toronto.

CHOMSKY, N. – 1981, *Lectures on Government and Binding,* Dordrecht, Foris.

CHOMSKY, N. – 1986, *Barriers,* Cambridge, MA, MIT Press.

CHOMSKY, N. – 1991, « Some Notes on the Economy of Derivation and Representation », in *Principles and Parameters in Comparative Grammar,* R. FREIDIN (éd.), Cambridge, MA, MIT Press, p. 417-454.

COWPER, E. – 1991, « Infinitival Complements of Have », in *Functional Categories,* C. LEFEBVRE, J. LUMSDEN et L. TRAVIS (éds), McGill / Queen's University Press, p.1-29.

GRÉVISSE, M. – 1975, *Le Bon Usage,* Gembloux, Belgique, J. Duculot, SA.

GUILLAUME, G. – 1929, *Temps et verbe*, Paris, Champion.

HOUNKPATIN, B. – 1984-1985, « Le verbal et le syntagme verbal du fon-gbe parlé à Massè », Thèse de doctorat de troisième cycle, Paris III, Université de la Sorbonne nouvelle.

JAEGGLI, O.A. et SAFIR, K.J. (éds). – 1989, *The Null Subject Parameter*, Dordrecht, Kluwer Academic.

KOOPMAN, H. et SPORTICHE, D. – 1990. *The position of subjects*, ms., Los Angeles, UCLA.

NDAYIRAGIJE, J. – En préparation, « Syntaxe et sémantique du clivage du prédicat en fɔn », Université du Québec à Montréal.

POLLOCK, J.-Y. – 1989, « Verb Movement, Universal Grammar, and the Structure of IP », *Linguistic Inquiry* 20 (3), p. 365-424.

RIZZI, L. – 1990, *Relativized Minimality*, Cambridge, MA, MIT Press.

ROCHETTE, A. – 1991, « La structure d'arguments et les propriétés distributionnelles des adverbes », *Revue québécoise de linguistique* 20 (1).

STEELE, S. – 1978, « The Category Aux as a Language Universal », in *Universals of Human Language*, vol. 3, J. GREENBERG (éd.), Stanford University Press, p. 7-45.

STOWELL, T. – 1981, « Origins of Phrase Structure », Thèse de doctorat, Cambridge, MA, MIT.

TRAVIS, L. – 1984, « Parameters and Effects of Word Order Variation », Thèse de doctorat, Cambridge, MA, MIT.

TRAVIS, L. – 1988, « The Syntax of Adverbs », *McGill Working Papers in Linguistics*, Special Issue on *Comparative Germanic Syntax*, p. 280-310.

ZANUTTINI, R. – 1990, « Two Types of Negative Markers », *North Eastern Linguistics Society* 20 (2), p. 517-530.

SÉMANTIQUE

Juvénal Ndayiragije

BLÓ 'FAIRE' EN FƆNGBÈ

1. INTRODUCTION [1]

La relation entre les propriétés lexico-sémantiques d'un prédicat et son comportement syntaxique est au centre des préoccupations des recherches en sémantique lexicale. Bon nombre de travaux sur les représentations lexicales des verbes ont déjà démontré qu'il existe un lien entre les propriétés lexicales d'un verbe et ses propriétés syntaxiques (Gruber, 1976; Jackendoff, 1983 et 1990; Guerssel, 1986; Hale et Keyser, 1987; Levin et Rappaport, 1986; Levin et Rapoport, 1988; Levin, à paraître; Brousseau et Ritter, 1990; etc.). Selon ces analyses, les verbes – et les autres items lexicaux qui prennent des arguments – appartenant à la même classe sémantique ont généralement un comportement syntaxique identique ; ceci n'excluant évidemment pas que des verbes ayant des propriétés lexicales distinctes puissent se retrouver dans les mêmes configurations syntaxiques, étant donné que toutes les propriétés syntaxiques d'un verbe ne découlent pas forcément de ses propriétés sémantiques. Dès lors, on doit déterminer, d'une part, les propriétés syntaxiques d'un verbe qui sont sémantiquement

---

[1] Les données discuttées dans cette article ont été fournies par Aimé Avolonto et Maxime da Cruz, locuteurs natifs du fɔngbè. Nous remercions pour leurs commentaires les personnes suivantes : Claire Lefebvre, John Lumsden, Denis Bouchard, Elizabeth Ritter, Anne-Marie Brousseau et Danielle Dumais.

prédéterminées et, d'autre part, les aspects sémantiques pertinents dans la représentation lexicale d'un verbe qui puissent prédire ces propriétés syntaxiques.

Le présent travail est une contribution dans ce sens. Il s'intéresse au verbe fɔn *bló* 'faire' qui, comme illustré en (1-2), entre dans différents usages impliquant des interprétations distinctes :

(1)   a.   Kɔkú   bló   távò   kpó   àtín   kpó.
            Koku   faire   table   avec   bois   avec
            'Koku a fait (fabriqué) une table avec du bois.'

      b.   Àtín   élɔ   bló   távò.
            Bois   ce   faire   table
            'Ce bois a fait une table.'

      c.   Kɔkú   bló   dòtóò   ɖàgbè.
            Koku   faire   médecin   bon
            'Koku a fait (a été considéré comme) un bon médecin.'

      d.   Wè   gɔ   nú   àtɔn   bló   àtɔɔn.
            Deux   ajouter   à   trois   faire   cinq
            'Deux plus trois font (égalent) cinq.'

(2)   a.   Kɔkú   bló   xwé   kpíkpɔn   zɔ.
            Koku   faire   maison   inspection   travail
            'Koku a fait (effectué) le travail d'inspection domiciliaire.'

      b.   Kɔkú   bló   àkɔntà   lìnlèn.
            Koku   faire   compte   dénombrage
            'Koku a fait (étudié) la comptabilité.'

      c.   Kɔkú   bló   mέsì.
            Koku   faire   enseignant
            'Koku a fait (agit comme) l'enseignant.'

En (1), l'usage de *bló* implique que l'entité exprimée par l'objet est le résultat d'un changement d'état que subit le sujet en (1b-d), l'adjoint en (1a). En (2), par contre, l'usage de *bló* n'implique pas de changement d'état. Tout ce que ces structures indiquent, c'est que le sujet est le *doer*, le « faiseur », d'une action précisée non pas par le verbe *bló* lui-même, mais par le nominal qui lui est associé.

Étant donné les interprétations de *bló* en (1) et en (2), existe-il deux verbes *bló* en fɔngbè ? Sinon, qu'est-ce qui, dans la sémantique de ce verbe, lui permet d'entrer dans les différentes structures de (1-2) ? Telle est la question à laquelle la présente analyse doit répondre. Nous allons proposer de considérer que la possibilité pour le verbe *bló* d'entrer dans les constructions en (1-2) découle du fait que ce verbe n'encode pas, en lui-même, une référence sémantique qui lui est spécifique. Tout ce que *bló* spécifie, c'est que «une entité *x* est directement impliquée dans la réalisation d'une entité *y* ». Nous considérons ceci comme étant le sens nucléaire de ce verbe. L'interprétation spécifique à chaque emploi du verbe *bló* en (1-2) est reliée au contenu sémantique des entités représentées par les variables *x* et *y*.

Nous montrerons que le fait que la variable *x* représente une entité qui contrôle l'action impliquée dans les structures en *bló* se reflète dans les restrictions sémantiques que ce verbe impose à son argument externe. Dans le même sens, nous attribuerons la possibilité pour ce verbe d'apparaître dans un prédicat complexe (2c) à cette contrainte sur son argument externe [2].

Nous verrons aussi que la variable *y* est sujette à une contrainte de mesurabilité qui se reflète dans les restrictions sémantiques sur l'argument interne. Celui-ci doit faire référence à une entité mesurable.

Enfin, la distinction statif/actif dans les usages de *bló* en (1-2) (comparer (1a) et (1b-d)) suggère que ce verbe n'est pas spécifié pour une classe aspectuelle particulière. Nous démontrerons en effet que le comportement aspectuel de *bló*, comme celui des autres verbes par ailleurs [3], est déterminé par les propriétés sémantiques de son objet direct. En outre, nous rendrons compte de la possibilité d'avoir une lecture stative dans les constructions en *bló* par le fait que cette « stativité » est, non pas une propriété liée à la sémantique du verbe *bló*, mais plutôt une propriété générale du champ sémantique «identité/composition» (Jackendoff, 1990) dans lequel ce verbe est utilisé en (1b-d). Nous montrerons que d'autres verbes utilisés dans ce champ conceptuel auront une lecture stative.

Notre propos sera organisé comme suit. La partie 2 est consacrée à la sélection sémantique (S-sélection) de *bló*. C'est dans cette partie que seront présentées les restrictions sémantiques sur les arguments de *bló*. La partie 3 discute le comportement syntaxique de *bló* comme verbe plein, par opposition à *bló* comme verbe léger. La possibilité pour ce verbe de se réaliser comme un verbe léger (cf. 2c) constituera une preuve supplémentaire du fait que ce verbe n'encode pas en lui-même une référence sémantique qui lui est propre. La partie 4 examine les propriétés aspectuelles du verbe. Nous montrerons que *bló* n'est pas lexicalement spécifié pour une classe aspectuelle particulière. C'est plutôt la nature de son argument interne qui détermine son comportement aspectuel. La dernière partie est consacrée à la représentation lexicale des propriétés sémantiques de *bló* qui justifient son comportement syntaxique et aspectuel décrit précédemment.

---

[2] Nous montrerons dans la troisième partie que le verbe *bló* en (2c) se comporte comme un prédicat léger ; il forme avec le nominal *mɛ̀sì* un prédicat complexe. Di Sciullo et Rosen (1990) postulent que seuls les prédicats dont l'argument interne fait référence à un événement peuvent entrer dans des constructions à prédicat léger. L'exemple (2c) est un contre-exemple à cette généralisation. Notre proposition est que la possibilité pour un verbe de se comporter comme un prédicat léger est liée à la nature sémantique de son argument externe ; seuls les verbes dont l'argument externe est un contrôleur de l'événement exprimé par le verbe peuvent entrer dans des constructions à prédicat léger.

[3] Nous voulons parler ici des verbes des classes aspectuelles « Activité » et « Réalisation », étant entendu que cette propriété de l'objet direct de délimiter ou non l'événement ne s'applique pas aux « Résultats », ni aux « États » (voir partie 4).

2. SÉLECTION SÉMANTIQUE (S-SÉLECTION) DE *BLÓ*

Dans cette partie, nous montrons que *bló* impose des restrictions sémantiques sur ses arguments. Son argument interne doit faire référence à un objet *mesurable* (qu'il soit physique ou abstrait) et son argument externe doit faire référence à une entité directement responsable de la réalisation de cet objet mesurable (notion de *contrôle*).

2.1.   RESTRICTIONS SUR L'ARGUMENT INTERNE

Soit les exemples suivants :

(3)   a.   Kòkú   bló   àzìnkpò.
              Koku   faire   tabouret
              'Koku a fait (fabriqué) un tabouret.'

        b.   Kòkú   bló   xàsùn.
              Koku   faire   panier
              'Koku a fait (tissé) un panier.'

        c.   Kòkú   bló   àvò.
              Koku   faire   pagne
              'Koku a fait (fabriqué) un pagne.'

En (3), l'argument interne de *bló* fait référence à un objet physique [– Animé]. Dans ces structures, le verbe *bló* a un sens de création. Les exemples de (4) indiquent que l'argument interne de *bló* ne peut pas dénoter un objet [+ Animé].

(4)   a.   Bàyì   jì / *bló   ví.
              Bayi   produire / faire   enfant
              'Bayi a eu un enfant.'

        b.   Àvún   jì / *bló   ví.
              chien   produire / faire   enfant
              'Le chien a mis bas.'

Cependant, on ne pourrait pas conclure des faits de (4) que *bló* ne sélectionne jamais un complément [+ Animé], étant donné (5) :

(5)   Máwù   dá / bló   gbètò   kpó   àfín   kpó.
        Dieu   créer / faire   homme   avec   cendre   avec
        'Dieu a créé l'homme à partir de la cendre.'

Le contraste de grammaticalité entre (4) et (5) suggère qu'il y a une contrainte de «contrôle» par le sujet de *bló* lorsque ce verbe sélectionne un argument interne dénotant un objet [+ Animé], et dans d'autres cas aussi. En effet, le sujet de *bló* en (5) a un contrôle sur l'événement de création exprimé par ce verbe, ce qui n'est pas le cas en (4). Ici le sujet de *bló* est plutôt une « source ». Nous y reviendrons dans la partie consacrée aux restrictions sémantiques sur l'argument externe de *bló*.

L'argument interne de *bló* peut également faire référence à une activité. L'interprétation de ces structures est alors 'effectuer une tâche donnée'. Ce sens n'est cependant possible que si le complément de *bló* contient le nominal *(à)-zɔ́* 'travail, métier'. Nous verrons dans un instant que l'absence de cette tête nominale dans le complément de *bló* produit un autre sens :

(6) a. Kɔ̀kú bló xwé kpíkpɔ́n zɔ́ [4].
          Koku faire maison inspection travail
          'Koku a fait le travail d'inspection domiciliaire.'

     b. Kɔ̀kú bló àvɔ̀ nyìnyàn zɔ́.
          Koku faire pagne lavage travail
          'Koku a fait le travail qui consiste à laver les pagnes.'

Les faits qui suivent montrent cependant que tous les NPs exprimant un événement ne peuvent pas apparaître comme complément de *bló* :

(7) a. Kɔ̀kú *bló / kán wèzùn.
          Koku faire / produire course
          'Koku a couru.'

     b. Kɔ̀kú *bló / ɖú wè.
          Koku faire / danser danse
          'Koku a dansé.'

     c. Kɔ̀kú *bló / ɖì sà.
          Koku faire / enterrer promenade
          'Koku s'est promené.'

Les phrases de (7) restent agrammaticales même quand leur argument interne est la forme nominalisée du verbe comme en (6) :

(8) a. * Kɔ̀kú bló wèzùn kínkán.
           Koku faire course action de produire

     b. * Kɔ̀kú bló wè ɖúɖú.
           Koku faire danse action de danser

     c.* Kɔ̀kú bló sà ɖìɖì.
          Koku faire promenade action d'enterrer

---

[4] Le complément de *bló* est une forme nominalisée qui en fɔn s'obtient par réduplication de la consonne verbale avec insertion de la voyelle épenthétique [i]. Les structures sans nominalisation correspondant à (6) sont données en (a) et (b) :

(a) Kɔ̀kú kpɔ́n xwé.
     Koku inspecter maison
     'Koku a inspecté une maison.'

(b) Kɔ̀kú nyàn àvɔ̀.
     Koku laver pagne
     'Koku a lavé un pagne.'

Nous avons dit plus haut que l'interprétation des structures de (6) comme 'effectuer une tâche' requiert la présence du nominal *(à)zó* qui est la tête du NP complément. La présence de ce nominal dans le complément de *bló* en (8) rendrait ces structures acceptables avec le sens de 'effectuer la tâche qui consiste à courir, danser, se promener', sous réserve évidemment de contraintes pragmatiques. L'agrammaticalité de (8), contrairement à la bonne formation des structures de (6), découle du fait que l'événement exprimé par l'argument interne doit être *mesurable*.

Examinons les exemples de (9). Ceux-ci illustrent un autre contexte d'utilisation de *bló* où le complément fait encore référence à une activité. L'interprétation de ces structures implique un sens particulier, celui d''étudier' :

(9)   a.   Kòkú   bló   / kplón   àkóntà   lìnlèn.
             Koku   faire / étudier   compte   action de calculer
             'Koku a fait (étudié) la comptabilité.'

       b.   Kòkú   bló   / kplón   tò   lìlè.
             Koku   faire / étudier cours d'eau   action de se laver
             'Koku a appris (suivi une formation à) la natation.'

       c.   Kòkú   bló   / kplón   wè   ɖúɖú.
             Koku   faire / apprendre   danse   action de danser
             'Koku a appris (a suivi une formation à) la danse.'

Nous avons fait allusion à la contrainte de mesurabilité pour justifier l'agrammaticalité des structures de (8). Nous avons vu que celles-ci deviennent acceptables si le complément de *bló* est spécifié par la tête nominale *(a)-zó* 'travail', et impliquent le sens de 'effectuer un travail, un métier'. Dans le même sens, les phrases de (8) deviennent grammaticales si elles ont l'interprétation de (9) impliquant le sens d''étudier'. Si l'on suppose qu'en (9), comme en (6), le complément de *bló/kplón* fait référence dans une certaine mesure à une entité mesurable, l'on déduit la généralisation suivante : l'entité exprimée par l'argument interne de *bló*, qu'elle soit physique (animé/inanimé) ou abstraite, doit être *mesurable* ; d'où l'agrammaticalité des phrases de (7-8). Nous montrerons dans la partie 4 que cette notion de mesurabilité est essentielle pour expliquer le comportement aspectuel du verbe *bló*.

2.2.   RESTRICTIONS SUR LE SUJET ET ALTERNANCES SYNTAXIQUES

Nous avons vu dans la partie précédente que l'argument interne de *bló* doit faire référence à une entité mesurable. Nous démontrons dans les lignes qui suivent que son argument externe doit, quant à lui, faire référence à une entité qui contrôle l'événement exprimé dans les phrases en *bló*.

Revenons d'abord sur les exemples (4-5) repris en (10-11).

(10) a.   Báyí   jì   / *bló   ví.
           Bayi   accoucher / faire   enfant
           'Bayi a accouché.'

      b.   Àvún   jì   / *bló   ví.
           chien accoucher / faire   enfant
           'Le chien a mis bas.'

(11)   Máwù   dá   / bló   gbètɔ́   kpó   àfín   kpó.
           Dieu   créer / faire homme   avec cendre avec
           'Dieu a créé/fait l'homme à partir de la cendre.'

Le contraste de grammaticalité entre (10) et (11) indique que le sujet de *bló* doit avoir
un contrôle sur l'événement exprimé par ce verbe. En effet, le sujet de *bló* en (11)
contrôle l'action de création. Il est la cause du changement d'état de *àfín* 'cendre' en
gbètɔ́ 'homme'. En (10), par contre, il n'y a ni contrôle, ni changement d'état. Ici, le
sujet est plutôt vu comme une « source ». Examinons à présent les exemples de (12) :

(12) a.   Kɔ́kú   bló   àlɔ̀gàn.
           Koku   faire bague
           'Koku a fait (fabriqué) une bague.'

      b. * Àlɔ̀gàn   ɔ́   bló.
           Bague   DÉT   faire
           'La bague en question s'est faite (fabriquée).'

Les structures de (12) montrent que les phrases en *bló* ne permettent pas d'alternance
causative-inchoative. Or, cette alternance a été utilisée dans la littérature pour vérifier si
l'argument externe d'un verbe est la cause *directe* ou *indirecte* de l'événement exprimé
par le verbe (Levin et Rapoport, 1988; Labelle, 1990; Brousseau et Ritter, 1990; etc.).
Les faits de (13) illustrent cette alternance.

(13) a.   'John broke the window.'
           'Jean a brisé la fenêtre.'

      b.   'The window broke.'
           'La fenêtre s'est brisée.'

La possibilité pour les verbes *briser/break* d'entrer dans une structure inchoative comme
en (13b) constitue, pour les auteurs cités, une preuve que leur argument externe est le
participant directement responsable, le « causeur » direct de l'événement exprimé par ce
verbe.

Les structures du type (13a-b) existent en fɔngbè :

(14) a.   Kɔ́kú   gbà   kɔ́fù   ɔ́.
           Koku   briser verre   Dét.
           'Koku a brisé le verre.'

      b.   Kɔ́fù   ɔ́   gbà.
           verre Dét   briser
           'Le verre s'est brisé.'

La possibilité d'avoir l'alternance causative-inchoative avec *gbà* 'briser' indique que l'argument externe de (14b) est la cause directe de l'événement exprimé par ce verbe. L'impossibilité d'avoir l'alternance causative-inchoative avec *bló* 'faire' en (12b) semble donc aller à l'encontre de la généralisation que nous avons établie précédemment selon laquelle l'argument externe de *bló* doit être la cause directe, le contrôleur de l'événement exprimé par les phrases en *bló*. Toutefois, cette alternance ne vaut pas pour tous les verbes dont l'argument externe est la cause directe. Ainsi, l'argument externe d'un verbe comme *tuer* a incontestablement un contrôle sur l'événement exprimé par ce verbe ; et pourtant ce verbe ne permet pas l'alternance causative-inchoative. C'est donc dire que l'impossibilité d'avoir cette alternance dans les structures en *bló* ne contredit pas la généralisation quant à la propriété de *contrôleur* de son argument externe. Par ailleurs, il nous semble que ce qui est crucial, c'est moins le test en tant que tel que les propriétés sémantiques d'une construction inchoative. Examinons à cet effet les exemples de (15) :

(15) a. Kɔkú bló távò kpó àtín kpó.
          Koku faire table avec bois avec
          'Koku a fait une table avec du bois.'

      b. Àtín ɔ́ bló távò.
          bois dét faire table
          'Le bois a fait une table.'

Dans une structure inchoative comme celles de (13b) et (14b), l'argument externe correspond à l'entité qui subit le changement d'état exprimé par le verbe. En (15b), c'est *àtín* 'bois' qui subit le changement d'état pour donner l'existence à *távò* 'table', comme *kɔ́fù* 'verre' en (14b). Si l'argument externe de *break*/*briser*/*gbà* en (13b) et (14b) est effectivement la cause directe du changement d'état exprimé par ce verbe, ceci doit être le cas aussi pour l'argument externe de *bló* en (15b). La seule différence entre (13b/14b) et (15b) réside dans l'expression en (15b) de l'argument (But) représentant le résultat. L'agrammaticalité de (12b) serait donc liée au fait que l'argument externe dans cette structure ne correspond pas à l'entité qui subit le changement d'état exprimé par le verbe. En effet, le NP *àlɔgàn* 'bague' représente le résultat (But) et non l'entité qui change d'état. Si cette interprétation des faits de (12-15) est correcte, elle s'applique aux structures inchoatives de (16) ci-dessous. Dans ces structures, le sujet correspond à l'entité qui subit le changement d'état, et l'objet réfère au résultat de ce changement. La lecture strictement stative de (16c) est liée à la nature générique des arguments de *bló* :

(16) a. Kɔkú (ná) bló mɛ̀sì   ḍàgbèé.
          Koku FUT faire enseignant bon
          'Koku fera / a fait (deviendra / est devenu) un bon enseignant.'

      b. Àzɔ́mɛ́ví cè lɛ́ (nɔ́) bló mɛ̀sì ḍàgbè.
          étudiants POSS PL HAB faire enseignant bon
          'Mes étudiants ont fait (font) de bons enseignants.'

    c.   Wɛ̀   gɔ́   nú   àtɔ̀n   blɔ́   àtɔ́ɔ́n.
        deux ajouter à   trois faire cinq
        'Deux plus trois font cinq.'

Nous avons donc relevé deux propriétés sémantiques caractéristiques des arguments de *blɔ́* : l'argument externe doit faire référence à une entité qui est directement associée à la réalisation de l'événement exprimé par le prédicat (notion de contrôle), et l'argument interne doit faire référence à une entité mesurable. Ce sont les deux restrictions que partagent les différents emplois de *blɔ́*. En outre, l'interprétation de chacun de ces emplois dépend plus de la référence sémantique des arguments que du verbe lui-même.

3. *BLÓ* PLEIN ET *BLÓ* LÉGER

Dans cette partie, nous montrons que le fait que l'argument externe de *blɔ́* est le contrôleur de l'action exprimée dans le prédicat et que, d'autre part, ce verbe n'encode pas en lui-même une référence sémantique qui lui soit propre, se reflète dans la possibilité pour *blɔ́* d'apparaître dans des constructions à prédicat «léger». Soit les exemples de (17) :

    (17)   a.   Kɔ̀kú blɔ́ távò.
               Koku   faire table
               'Koku a fait (fabriqué) une table.'

         b.   Kɔ̀kú blɔ́ xwé   kpíkpɔ́n   zɔ́.
               Koku   faire maison inspection   travail
               'Koku a fait (effectué) le travail d'inspection domiciliaire.'

Si l'on regarde l'interprétation sémantique des phrases de (17), on remarque que celle-ci dépend de la référence du sujet et de l'objet. La contribution sémantique de *blɔ́* dans ces structures se limite uniquement à indiquer qu'il existe une entité x qui agit directement dans la réalisation d'une entité y.

Nous allons d'abord montrer que le NP complément de *blɔ́* a un statut argumental autant en (17a) qu'en (17b). Les tests utilisés sont, pour la plupart, tirés de Kearns (1988). Il s'agit de la possibilité pour le complément de *blɔ́* de prendre un déterminant (18-19a), une marque de pluriel (18-19b) ou tout autre spécifieur nominal, comme le possessif en (18-19c), ainsi que la possibilité pour ce complément d'être pronominalisé (18-19d) ou d'occuper la position de sujet dans les structures passives (18-19e). Les structures de (18) correspondent à (17a), celles de (19) à (17b) :

    (18)   a.   Kɔ̀kú blɔ́ távò ɔ́.
               Koku   faire table Dét
               'Koku a fait la table en question.'

b. Kɔkú blố távò lɛ́.
Koku faire table PL
'Koku a fait les tables.'

c. Kɔkú blố távò cè.
Koku faire table POSS
'Koku a fait ma table.'

d. Kɔkú blố è.
Koku faire PRON
'Koku l'a fait.'

e. Távò lɛ́ nyí bìblố.
table PL être faite
'Les tables ont été faites.'

(19) a. Kɔkú blố xwé kpíkpɔ́n zɔ́ ɔ́.
Koku faire maison inspection travail DÉT
'Koku a fait le travail d'inspection domiciliaire en question.'

b. Kɔkú blố xwé kpíkpɔ́n zɔ́ lɛ́.
Koku faire maison inspection travail PL
'Koku a fait les travaux d'inspection domiciliaire.'

c. Kɔkú blố xwé kpíkpɔ́n zɔ́ cè.
Koku faire maison inspection travail POSS
'Koku a fait mon travail d'inspection domiciliaire.'

d. Kɔkú blố è.
Koku faire PRON
'Koku l'a fait.'

e. Xwé kpíkpɔ́n zɔ́ ɔ́ nyí bìblố.
maison inspection travail DÉT être faite
'Le travail d'inspection domiciliaire (en question) a été fait.'

Par rapport aux tests énumérés ci-dessus, on constate en (18-19) le même comportement syntaxique du complément de *blố* qu'en (17a) et (17b).

Considérons à présent l'exemple (20). Comme pour les structures de (17), l'interprétation sémantique de (20) dépend de la référence sémantique du sujet et de l'objet.

(20) Kɔkú blố mèjɔmè.
Koku faire malin
'Koku a fait le malin.'

Appliqués à (20), les tests utilisés pour les occurences de *blố* en (17) donnent les faits montrés en (21) :

(21) a.   Kɔkú bló mèjɔmè ɔ́.
           Koku faire malin   DÉT
           'Koku a fait le malin (comme on s'y attendait).'

      b. * Kɔkú bló mèjɔmè lɛ́.
           Koku faire malin   PL
           *'Koku a fait les malins.'

      c. * Kɔkú bló è.
           Koku faire PRON
           'Koku l'a fait.'

      d.   Mèjɔmè (ɔ́) nyí bìbló.
           Malin   DÉT être faite
           *'Le malin (en question) a été fait.'

Les structures de (21) sont agrammaticales à l'exception de (21a). Toutefois, l'interprétation de (21a) montre que le déterminant ɔ́ a portée sur toute la phrase et non sur mèjɔmɛ 'malin', contrairement à (18a-19a) où le déterminant porte sur le NP complément de bló.

Le contraste de grammaticalité entre (18-19) et (21) suggère que le NP mèjɔmè en (20) n'a pas le même statut que távò ou xwé kpíkpɔ́n zɔ́ en (17). Dans la discussion qui suit, nous montrons qu'en (17), bló est un verbe plein et que son complément est un argument interne, alors qu'en (20), bló et le nominal mèjɔmè forment un prédicat complexe. En prélude à cette discussion, précisons d'abord ce qu'on entend par « verbe plein » et par « verbe léger ».

La bibliographie sur les constructions à prédicats légers (Cattell, 1984; Kearns, 1988; Grimshaw et Mester, 1988; Di Sciullo et Rosen, 1990; etc.) désigne par ce type de structures des prédicats complexes, généralement du type [$_{VP}$V NP], dont la tête V est légère, dans le sens qu'elle est défective du point de vue thématique. C'est le prédicat nominal qui lui est associé qui est porteur du contenu thématique du prédicat complexe.

D'après l'analyse de Kearns (1988), la formation des constructions à prédicats légers est une opération lexicale où les propriétés de théta-marquage de la tête verbale (V dans le complexe [$_{VP}$V NP]) sont suspendues par le fait que les règles d'association (*linking rules*) entre la Structure Conceptuelle Lexicale (SCL) de V et sa Structure Argumentale (SA) sont interrompues (*delinked*). En anglais par exemple, le verbe *take* 'prendre' dans *take a walk* 'faire une promenade' est un prédicat léger ; il ne projette pas ses propriétés argumentales en SA et n'a donc pas d'incidence sur les propriétés thématiques du sujet. Ce sont les propriétés argumentales du prédicat nominal qui lui est associé qui sont déterminantes.

Kearns note cependant une distinction entre les vrais prédicats légers (*true light verbs*) comme *take a walk* ou *give the floor a sweep* 'donner un coup de balai au plancher', et les prédicats dits à « action vague » (*vague action verbs*) comme *make an inspection* 'faire une inspection' ou *do the ironing* «faire le repassage». Les deux types de constructions se rapprochent, dit-elle, par l'existence d'une relation de paraphrase thématique entre ces prédicats complexes et les structures verbales apparentées : *to take a walk* correspond à *to walk*, *to make an inspection* à *to inspect*, ce qui indique que la contribution sémantique de *take* et *make* est minimale. La différence entre les deux types de constructions à prédicats légers réside cependant dans le fait que le nominal associé au prédicat à « action vague » se comporte comme un argument : il peut occuper la position de sujet dans les structures passives, être relativisé, pronominalisé, etc.

En dépit de cette différence syntaxique pourtant cruciale, Kearns suppose que le complément d'un prédicat à « action vague » forme avec ce dernier un prédicat complexe, comme dans le cas des vrais prédicats légers.

Contrairement à Kearns qui attribue l'existence des prédicats légers au fait que les règles d'association entre la SCL et la SA sont interrompues, Di Sciullo and Rosen (1990), dans leur analyse des verbes à restructuration en italien, considèrent que les prédicats légers ont un sens spécifié, mais qu'ils sont légers en ce qui a trait à leur structure argumentale : les arguments d'un prédicat léger ne sont pas spécifiés en SA. Elles supposent qu'un prédicat léger a une structure argumentale, ce qui en fait un assignateur potentiel de rôles thématiques, mais que cette structure argumentale est squelettique, comme l'ont suggéré Grimshaw et Mester (1988) (cf. 22). Et la formation du prédicat complexe se fait par identification des positions d'arguments du prédicat plein aux positions vides du prédicat léger, ce qui donne lieu à une structure argumentale partagée par les deux prédicats. Ce processus d'identification est illustré en (23) à partir du complexe *volere* + *leggere* 'vouloir lire' considéré par Di Sciullo et Rosen comme une construction à prédicat léger :

(22)   *volere* :   SCL :   [expérienceur]   désire   [événement]

   a.   SA :   (e (x, y))

   b.   SA :   ((   ))

(23)   *volere* :   SA :   (( ))
                                                      $\Bigg\{$ *volere leggere* : SA (e (x, y))
          leggere :   SA :   (e (x, y))

Di Sciullo et Rosen proposent en outre l'existence de prédicats quasi-légers, définis comme étant des prédicats dont la structure argumentale contient au moins une position vide. Tel serait le cas pour le verbe *fare* en italien, qui peut former un prédicat complexe comme en (25).

(24)   *fare* :   SCL :   [agent]   cause   [événement]

   a.   SA :   (e (x, y))

   b.   SA :   ((x,))

(25)   *fare* :   SA :   ((x,))   ⎰
                                                         ⎱ *fare leggere* : SA (e (x, y))
            leggere :   SA :   (e (x, y))   ⎱

Enfin, selon Di Sciullo et Rosen, les prédicats à « action vague » de Kearns comme *make* dans *make an inspection* sont des prédicats quasi-légers qui ont une structure argumentale de type (24b). Elles supposent, comme Kearns, que dans ces constructions à prédicat quasi-léger, le NP *an inspection* est un prédicat nominal même si syntaxiquement il se comporte comme un argument. Elles se basent elles aussi sur l'existence d'une relation de paraphrase thématique entre ce type de prédicat complexe et la forme verbale pleine (*to make an inspection* et *to inspect*).

La représentation syntaxique proposée pour ces constructions à prédicat (quasi-) léger est (26), où la tête verbale et le prédicat nominal sont coïndicés en Forme Logique :

(26)

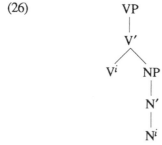

Enfin, selon Di Sciullo et Rosen, le fait que les prédicats (quasi-) légers (comme *fare* 'faire' et *volere* 'vouloir' en italien) ont une structure d'arguments squelettique (c'est-à-dire partiellement spécifiée ou non spécifiée), et donc qu'ils ne théta-marquent pas directement leur objet, justifie qu'ils puissent faire partie de structures idiomatiques comme *fare il bravo* 'faire le brave'.

Avant de rendre compte du comportement de *bló* précédemment décrit, nous faisons les remarques suivantes à propos des deux analyses des constructions à prédicats (quasi-) légers résumées ci-dessus. Premièrement, ces analyses considèrent les constructions du type *make an inspection* comme des structures à prédicat complexe. La motivation essentielle vient du fait que chaque construction à prédicat quasi-léger a une contrepartie lourde (*make an inspection* et *inspect*), de la même façon que les constructions à prédicat léger (*take a walk* et *to walk*). Or, à part la relation de paraphrase thématique entre la construction à prédicat (quasi-) léger et sa contrepartie lourde, (encore que *to take a walk* et *to walk* ou *to make an inspection* et *to inspect* ne sont sémantiquement pas identiques), l'on ne voit pas d'indices pertinents en faveur du statut du NP comme prédicat (et non comme argument) dans les structures à prédicat quasi-léger. Étant donné que les propriétés de théta-marquage du verbe dans ce type de constructions ne sont pas suspendues, l'on doit admettre que les constructions à prédicat quasi-léger ne forment pas des prédicats complexes. La tête verbale est un prédicat plein, et son complément est un argument interne. Nous avons montré que ce NP complément a les mêmes propriétés syntaxiques que l'argument interne d'un verbe transitif [5].

La deuxième remarque concerne les structures du type *fare il bravo* 'faire le brave' que Di Sciullo et Rosen considèrent comme étant des expressions idiomatiques. Nous ne voyons pas en quoi cette structure diffère des constructions du type *take a walk*. En effet, on admet habituellement que, dans les vraies expressions idiomatiques, l'interprétation n'est pas compositionnelle. Ainsi, le sens d'une expression idiomatique comme *to kick the bucket* 'casser sa pipe' n'est pas la somme des sens des éléments constitutifs de cette expression, alors que le sens d'une structure comme *to take a walk* ou *fare il bravo* est, dans une certaine mesure, compositionnel. Cette différence nous amène à considérer *fare il bravo* comme une construction à prédicat léger au même titre que *take a walk*, plutôt que comme une expression idiomatique. Après ces précisions, revenons sur les structures en *bló*.

(27) a. Kɔkú   bló távò.
          Koku   faire table
          'Koku a fait (fabriqué) une table.'

      b. Kɔkú   bló xwé   kpíkpɔ́n   zɔ́.
          Koku   faire maison inspection travail
          'Koku a fait (effectué) le travail d'inspection domiciliaire.'

(28) a. Kɔkú   bló mèjɔ̀mɛ̀.
          Koku   faire malin
          'Koku a fait le malin.'

      b. Kɔkú   bló dòtóò.
          Koku   faire médecin
          'Koku a fait le médecin [6].'

Les tests de pronominalisation, de passivisation et de portée du déterminant nous ont montré deux comportements distincts du nominal associé à *bló* en (27) et (28). Nous avons vu que ces tests donnent des structures grammaticales pour (27a-b) et non pour (28). Les faits ont été donnés en (18-19) et (21). Le complément de *bló* en (27b) a les mêmes propriétés syntaxiques que celui de *bló* en (27a). Ceci suggère que *bló* en (27) est un verbe plein qui théta-marque son argument interne. En (28), par contre, le complément de *bló* n'est pas un argument ; il forme avec ce dernier un prédicat complexe, comme c'est le cas pour *fare il bravo* en italien ou *take a walk* en anglais.

---

[5] Un autre indice syntaxique en faveur du statut argumental du complément d'une construction à prédicat quasi-léger est donnée par le contraste de grammaticalité en (a et b) :

    (a)   To walk the streets / to take a walk (* of the streets).

    (b)   To inspect the factory / to make an inspection (of the factory).

[6] Il faut noter que les phrases de (28) ont chacune deux interprétations : 'faire (passer pour / agir comme) le malin/médecin' ou 'jouer le rôle du malin/médecin (théâtre)'. Dans cette dernière interprétation, le complément de *bló* a les propriétés syntaxiques d'un vrai argument interne.

Nous représentons en (29) les structures de (28), où le prédicat nominal est coïndicé avec la tête verbale en Forme Logique.

(29)

```
            VP
            |
            V′
           / \
         Vⁱ   NP
        bló    |
               N′
               |
               Nⁱ
        mɛ̀jɔ̀mɛ̀ / dòtóò
```

La représentation en (29) indique que le nominal *mɛ̀jɔ̀mɛ̀/dòtóò* est différent d'un vrai argument. Elle ne nous dit pas cependant pourquoi il doit se comporter ainsi et pas autrement. On peut relier ces faits aux propriétés sémantiques de *bló*. Nous avons déjà montré que l'argument interne de *bló* doit faire référence à une entité mesurable. Comme le nominal *mɛ̀jɔ̀mɛ̀/dòtóò* dénote à une entité (propriété) non mesurable, il ne peut pas occuper la position d'argument interne. Par ailleurs, il faut que le sujet de *bló* puisse recevoir un rôle thématique. Il ne peut le recevoir de *bló* puisque ce dernier est défectif du point de vue thématique. La formation du prédicat complexe *bló mɛ̀jɔ̀mɛ̀* donne du contenu sémantique à cette projection verbale et lui permet ainsi d'assigner un rôle thématique à l'argument externe.

De la discussion qui précède, nous retenons les conclusions suivantes. Premièrement, il n'existe pas de distinction au niveau de la structure argumentale et du comportement syntaxique entre un prédicat plein et un prédicat quasi-léger. Deuxièmement, le verbe *bló* est un verbe plein autant dans *bló távò* 'faire une table' que dans *bló xwé kpíkpɔ́n zɔ́* 'faire le travail d'inspection domiciliaire', alors qu'il est léger dans les structures du type *bló mɛ̀jɔ̀mɛ̀* 'faire le malin', où il forme avec le nominal qui lui est associé un prédicat complexe. La possibilité pour *bló* de se comporter comme un prédicat léger est un indice supplémentaire en faveur de l'idée que ce verbe n'a pas de référence sémantique qui lui soit propre. L'interprétation d'une structure en *bló* dépend largement du contenu sémantique de ses arguments ou du nominal avec lequel ce verbe forme un prédicat complexe. Nous montrerons dans la partie suivante que cette distinction « plein » versus « léger » se reflète dans le comportement aspectuel de ce verbe.

4. PROPRIÉTÉS ASPECTUELLES DE *BLÓ*

4.1. INTRODUCTION : LES CLASSES ASPECTUELLES

Les études sur l'aspect (Vendler, 1967; Dowty, 1979; van Valin, 1987; Tenny, 1988 et 1989; van Voorst, 1988 et 1990; etc.) identifient quatre grandes classes aspectuelles de verbes [7] : *Accomplishments, Activities, Achievements* et *States*. Ces classes sont illustrées ci-dessous par des données de l'anglais.

(30) a. *States :*   He has a beautiful home.
                              'Il a une belle maison.'
      b. *Achievements :*   I saw a beautiful home.
                              'J'ai vu une belle maison.'
      c. *Activities :*   He drank red wine.
                              'Il a bu du vin rouge.'
      d. *Accomplishments :* He destroyed the ugly vase.
                              'Il a détruit l'horrible vase.'

Le tableau suivant montre les tests linguistiquement pertinents pour la classification illustrée en (30). Ces tests, tirés de van Voorst (1990), sont dus à Vendler (1967).

(31)	STATES *have*	ACHIEVEMENTS *see/notice*	ACTIVITIES *drink*	ACCOMPLISHMENTS *destroy*
in X minutes	begin	begin/begin	begin + end	begin/end
for X minutes	ok	ok/*	ok/*	*
almost	begin	begin/begin	begin + end	begin/end
was xing	n/a	n/a n/a	has xed/*	*has xed
mass count	no infl	no infl/no infl	infl	no infl

Les tests avec les adverbes comme *in X minutes* 'en X minutes' et *almost* 'presque' vérifient si l'événement exprimé par le verbe a un début et/ou une fin. Le test utilisant l'adverbe temporel *for X minutes* 'pendant X minutes' permet d'identifier les verbes de la classe des *Accomplishments*. Ceux-ci sont incompatibles avec ce type d'adverbe. Le test du progressif [8] *was xing* montre quant à lui que les verbes appartenant aux classes

---

[7] C'est Vendler (1967) qui, le premier, a proposé cette classification aspectuelle. À défaut de termes adéquats en français correspondant à ces notions, nous retiendrons la terminologie anglaise. Notons en outre qu'une autre subdivision existe à l'intérieur de cette typologie, basée sur la durativité, opposée à la ponctualité de l'événement.

[8] van Voorst (1990) note que le test du progressif est problématique dans la mesure où certains verbes de la classe des *States* au temps présent se réalisent nécessairement au progressif (a-b).

(a)   This car is missing one of its headlights.
      'Cette voiture a perdu un de ses phares.'

(b)*This car misses one of its headlights.

des *States* et *Achievements* n'entrent pas dans ces constructions (*n/a* en (31)), et que les *Activities* et les *Accomplishments* se différencient par rapport à l'inférence que l'événement exprimé par le verbe est « achevé » (*Activities* avec un objet non délimitant) ou pas. Ceci implique qu'un verbe de la classe des *Activities* peut devenir un *Accomplishment* selon la nature de son objet direct. Celui-ci doit, dans ce cas, dénoter une entité mesurable/individualisée (sont donc exclus les noms de masse sans déterminant ou autre spécifieur défini et les noms au pluriel indéfini – noinfl(uence) en (31)). Ce sont ces quelques tests dont nous nous servirons pour rendre compte des propriétés aspectuelles des constructions en *bló*.

4.2. PROPRIÉTÉS ASPECTUELLES DE *BLÓ*

Considérons d'abord les exemples de (32).

(32) a. Kɔkú ɖì zɔnlìn nú céjú àtɔ́ɔ́n.
Koku enterrer marche pour minute cinq
'Koku a marché pendant cinq minutes.'

b. * Kɔkú ɖì zɔnlìn ɖò céjú àtɔ́ɔ́n mὲ.
Koku enterrer marche à minute cinq dans
* 'Koku a marché en cinq minutes.'

Les exemples de (32) montrent que le test aspectuel utilisant les adverbes de temps du type 'en X minutes' (ɖò céjú X mὲ) et 'pendant X minutes' (*nú céjú X*) s'applique aux données du fɔngbè. Le verbe ɖì zɔnlìn 'marcher' appartient à la classe des *Activities* [9]. Il dénote un événement dont le déroulement interne a un début mais n'a pas de fin ; en témoigne l'agrammaticalité de (32b).

Examinons ensuite les structures de (33) formés à partir d'un verbe transitif.

Par ailleurs, van Voorst (1991) montre que les classes aspectuelles *Activities* et *Accomplishments* diffèrent des *States* et des *Achievements* par le fait que ces deux dernières classes n'acceptent pas d'adverbes de manière :

(c) *He carefully had that glass figurine in his hands.
*'Il avait soigneusement cette figurine de verre dans les mains.'

(d) *He had attentively heard the news on the riots.
*'Il avait attentivement entendu les nouvelles des émeutes.'

[9] Ce verbe de la classe des « Activité » peut devenir une « Réalisation », comme en (a). Ceci suggère que l'objet direct joue un rôle dans la délimitation de l'événement. Nous y reviendrons dans un instant.

(a) Kɔkú ɖìzɔnlìn nú kìlòmétlí kán ɖé wó ɖò gán xíxó
Koku marcher pour kilomètre corde un dix dans fer frappage
ɖókpó mὲ.
un LOC
'Koku a marché cinquante kilomètres en une heure.'

(33) a. Báyí   ɖà   wɔ̆   nú   céjú   àtɔ́ɔ́n.
         Bayi   prépare pâte pour minutes cinq
         'Bayi a préparé de la pâte pendant cinq minutes.'

     b. Báyí   ɖà   wɔ̆   *(ɓ)   ɖò   céjú   àtɔ́ɔ́n   mɛ̀.
         Báyí   préparer pâte DÉT   à   minutes cinq   dans
         'Bayi a préparé la pâte (en question) en cinq minutes.'

En (33a), l'objet du verbe est un nom de masse. Cette structure est compatible avec l'adverbe temporel *nú céjú àtɔ́ɔ́n* 'pendant cinq minutes' et signifie que Bayi s'est occupé de la préparation de la pâte pendant une durée de cinq minutes. En (33b), la phrase est par contre agrammaticale avec l'adverbe temporel *ɖò céjú àtɔ́ɔ́n mɛ̀* 'en cinq minutes', à moins que l'objet du verbe soit spécifié/individualisé (ici par le déterminant déictique ɓ). Considérons à présent les exemples avec *bló* en (34) :

(34) a. Kɔkú   bló   àzìnkpò   (ɓ)   ɖò   céjú   àtɔ́ɔ́n   mɛ̀.
         Koku   faire tabouret   DÉT   à   minute cinq   dans
         'Koku a fabriqué un (le) tabouret en cinq minutes.'

     b. Kɔkú   bló   àzìnkpò   nú   céjú   àtɔ́ɔ́n.
         Koku   faire tabouret   pour minute cinq
         'Koku s'est occupé de la fabrication de tabourets pendant cinq minutes.'

L'interprétation 'achevée/inachevée' de l'événement exprimé par *bló* en (34) dépend non pas de ce verbe en lui-même, mais du fait que son argument interne est individualisé ou non. La même contrainte sur l'objet s'observe dans les exemples (35-36).

(35) a. Kɔkú   bló   xwé   kpíkpɔ́n   zɔ́   (ɓ)   ɖò   céjú   àtɔ́ɔ́n   mɛ̀.
         Koku   faire maison inspection travail DÉT   à   minute cinq   dans
         'Koku a fait le travail d'inspection domiciliaire en cinq minutes.'

     b. Kɔkú   bló   xwé   kpíkpɔ́n   zɔ́   nú   céjú   àtɔ́ɔ́n.
         Koku   faire maison inspection travail pour minute cinq
         'Koku s'est occupé de l'inspection domiciliaire pendant cinq minutes.'

(36) a. Kɔkú   bló   àkɔ́ntà línlɛ́n   ɖò   xwè   wè   mɛ̀.
         Koku   faire comptabilité   à   an   deux dans
         'Koku a fait (étudié) la comptabilité en deux ans.'

     b. Kɔkú   bló   àkɔ́ntà lìnlɛ̀n   nú   xwè   wè.
         Koku   faire comptabilité   pour an   deux
         'Koku a fait (étudié) la comptabilité pendant deux ans.'

Les structures (a) en (35-36) impliquent que l'événement exprimé par la phrase a atteint son point de terminaison à l'intérieur de l'intervalle de temps de cinq minutes / deux ans. En effet, en (a), Koku a terminé l'inspection domiciliaire / le programme de comptabilité ; ce n'est pas le cas en (b). L'interprétation de l'événement comme « achevé/inachevé » dépend donc non pas du verbe lui-même, mais de son objet direct. Le rôle de l'argument interne de *bló* comme délimiteur ou non de l'événement est enfin confirmé par les faits en (37). Nous avons montré dans la partie précédente que les structures en *bló* du type (37a) n'ont pas d'argument interne. Le nominal *mèjɔ̀mè* ne se comporte pas syntaxiquement comme un vrai argument ; il forme avec *bló* un prédicat complexe. L'absence d'argument interne délimitant prédit que l'événement n'a pas de point de terminaison. Ceci est confirmé par les données (37b-c). De plus, le fait que *bló mèjɔ̀mè* 'faire le malin' en (37a) présente le même comportement aspectuel que *ɖì zɔ̀nlìn* 'enterrer une marche' en (38a), qui est un verbe à objet inhérent, confirme l'analyse selon laquelle le nominal associé à *bló* dans les structures du type (37a) n'est pas un vrai argument interne.

(37)   a.   Kɔ̀kú   bló   mèjɔ̀mὲ.
              Koku   faire malin
              'Koku a fait le malin.'

         b.   Kɔ̀kú   bló   mèjɔ̀mὲ   nú   céjú   àtɔ́ɔ́n.
              Koku   faire malin   pour minute cinq
              'Koku a fait le malin pendant cinq minutes.'

         c. * Kɔ̀kú   bló   mèjɔ̀mὲ   ɖò   céjú   àtɔ́ɔ́n mὲ.
              Koku   faire malin   à   minute cinq   dans
              *'Koku a fait le malin en cinq minutes.'

         d. * Kɔ̀kú   bló   mèjɔ̀mὲ   jὲ   vlɔ́.
              Koku   faire malin   jusqu'à   moitié
              'Koku a fait le malin à moitié.'

(38)   a.   Kɔ̀kú   ɖì   zɔ̀nlìn.
              Koku   enterrer marche
              'Koku a marché.'

         b.   Kɔ̀kú   ɖì   zɔ̀nlìn   nú   céjú   àtɔ́ɔ́n.
              Koku   enterrer marche   pour minute cinq
              'Koku a marché pendant cinq minutes.'

         c. * Kɔ̀kú   ɖì   zɔ̀nlìn   ɖò   céjú   àtɔ́ɔ́n mὲ.
              Koku   enterrer marche à   minute cinq   dans
        * 'Koku a marché en cinq minutes.'

         d. * Kɔ̀kú   ɖì   zɔ̀nlìn   jὲ   vlɔ́.
              Koku   enterrer marche jusqu'à   moitié
        ? 'Koku a marché à moitié.'

Jusqu'à présent, nous n'avons examiné que les structures en *bló* où l'interprétation implique une lecture active du sujet. Observons à présent les structures dénotant un état résultant.

(39)   a.   Kɔ̀kú   bló   mέsì   ɖàgbὲ.
              Koku   faire enseignant bon
              'Koku a fait (a été) un bon enseignant.'

         b.   Àtín   ɔ́   bló   távò   ɖàgbὲ.
              Bois   Dét faire table   bon
              'Le bois en question a fait de bonnes tables.'

    c. Wè   gɔ́   nú   àtɔ̀n blɔ́ àtɔ́ɔ́n.
       deux ajouter à   trois faire cinq
       'Deux plus trois font cinq.'

Les structures de (39) ont la propriété commune de ne pas entrer dans des constructions au progressif :

(40) a. * Kɔkú ɖò mésì   ɖàgbè blɔ́ wὲ.
          Koku LOC enseignant bon faire ASP
          *'Koku est en train de faire un bon enseignant.'

      b. * Wè gɔ́   nú   àtɔ̀n ɖò àtɔ́ɔ́n blɔ́ wὲ.
          deux ajouter à   trois LOC cinq faire ASP
          *'Deux plus trois sont en train de faire cinq.'

En (40), *blɔ́* se comporte comme les verbes des classes aspectuelles *Achievements* et *States* (cf. diagramme de (31)). Comment expliquer ce comportement ? Nous avons montré dans la deuxième partie que, dans les constructions du type (39), le verbe *blɔ́* est utilisé dans le champ sémantique « identité/composition » [10]. En effet, il établit une relation d'identité/ composition entre l'entité exprimée par le sujet et ses propriétés (état résultant ou composition). Ceci n'est pas spécifique au verbe *blɔ́*. D'autres verbes utilisés dans ce champ conceptuel subissent les mêmes effets sémantiques, comme l'illustrent des données du français.

(41) a.   Je vais à Montréal.

      b.   Je suis en train d'aller à Montréal.

(42) a.   Cette route va à Montréal.

      b. ? Cette route est en train d'aller à Montréal.

(41a) a une lecture dynamique alors que (42a) a une lecture stative, comme les structures résultatives en *blɔ́* de (39). La forme progressive de (42a) donne une structure agrammaticale (ou au moins douteuse) comme avec *blɔ́* en (40). Nous déduisons de ces faits que le comportement aspectuel de *blɔ́* en (40) est, non pas une propriété intrinsèque à ce verbe, mais plutôt une propriété du champ sémantique « identité/composition » dans lequel il est utilisé.

En résumé, nous avons soutenu dans cette partie que le verbe *blɔ́* n'est pas lexicalement spécifié pour une classe aspectuelle particulière. Ce sont plutôt les propriétés sémantiques de son argument interne qui prédisent son comportement aspectuel, comme c'est le cas pour les autres verbes par ailleurs. Cependant, en plus du rôle de l'argument interne dans la délimitation de l'événement, les faits discutés dans cette partie ont montré que le comportement aspectuel des verbes dépend essentiellement du champ conceptuel dans lequel ils sont utilisés. Ceci a été constaté pour le champ sémantique « identité/composition ». Déterminer les propriétés

---

[10] Pour une discussion détaillée sur les champs sémantiques, voir Jackendoff (1990).

caractéristiques de ce champ qui expliquent ces changements aspectuels et sémantiques dépasse le cadre de la présente analyse.

5. REPRÉSENTATION LEXICALE

Dans cette dernière partie, nous représentons les propriétés sémantiques de *bló* qui justifient son comportement syntaxique et aspectuel discuté dans les parties précédentes. Nous utiliserons le format des structures conceptuelles lexicales (SCL) proposé dans les travaux du *MIT Lexicon Project* (Guerssel, 1986; Hale et Keyser, 1987; Levin et Rapoport, 1988; etc.) [11]. Selon ces travaux, les SCL représentent le concept nommé par le verbe et les participants impliqués. Elles contiennent des primitifs (prédicats) sémantiques formant un ensemble fini (comme CAUSE, DO, CHANGE, BE, AT), des variables (x, y, z) représentant les arguments sémantiques de ces prédicats, ainsi que d'autres informations spécifiques qui différencient les éléments d'une même classe sémantique. Ainsi, la SCL de *mettre* en (43a) est (43b).

(43) a.   Jean a mis des livres sur la table.

      b.   [x CAUSE [y MOVE TO z]] / *mettre*

C'est le formalisme du type (43b) que nous adopterons pour représenter les propriétés sémantiques de *bló* que partagent les différentes structures en *bló* récapitulées en (44-45).

(44) a.   Kɔkú   bló   távò.
          Koku   faire   table
          'Koku a fabriqué une table.'

      b.   Kɔkú   bló   xwé   kpíkpɔ́n   zɔ́.
          Koku   faire   maison inspection   travail
          'Koku a fait le travail d'inspection domiciliaire.'

      c.   Kɔkú   bló   mɛ̀jɔ̀mɛ̀.
          Koku   faire   malin
          'Koku a fait le malin.'

      d.   Kɔkú   bló   àkɔ́ntà   lìnlɛ̀n.
          Koku   faire   compte   calcul
          'Koku a fait (étudié) la comptabilité.'

(45) a.   Kɔkú   bló   mésì   ɖàgbè.
          Koku   faire   enseignant bon
          'Koku a fait un bon enseignant.'

---

[11] Ce qui importe ici, c'est moins le formalisme utilisé que la détermination du sens nucléaire de *bló* qui autorise les différents usages de ce verbe.

b.   Àtín   ɔ́   bló   távò   ḍàgbὲ.
      bois   Dét faire table bon
      'Ce bois a fait de bonnes tables.'

Considérons d'abord les exemples de (44). Dans ces structures, le verbe *bló* dénote une activité du sujet qui consiste à 'fabriquer', 'effectuer une tâche', 'agir comme' ou 'étudier'. En dépit de cette différence sur la spécificité de l'activité du sujet, il y a un point commun à toutes les structures de (44), c'est que l'argument externe de *bló* a un *contrôle* sur l'activité dont il est question. Nous proposons donc de représenter *bló* comme en (46), où le primitif DO indique que l'argument externe de *bló* est la cause directe (le contrôleur) de l'événement exprimé dans ces phrases.

(46)   SCL de *bló* :   [x DO y] / *bló*

Cette représentation indique que le sens de *bló* est, ni plus ni moins, qu'une entité x est directement impliquée dans la réalisation de l'entité y ; et c'est le contenu sémantique de x et de y qui détermine l'interprétation de chaque emploi de *bló*.

Considérons enfin les cas où *bló* dénote un état résultant. Les exemples sont donnés en (45). Dans ces structures, le sujet n'est pas impliqué dans une activité ; ces structures ont une lecture stative où l'entité représentée par l'objet réfère aux propriétés du sujet. On serait tenté de considérer ces faits comme des indices d'une autre entrée lexicale pour *bló* qui serait celle-ci :

(47)   LCS de *bló* $_2$:   [x BE y] / *bló*.

Nous avons montré dans la quatrième partie que la lecture stative des structures de (45) n'est pas une propriété liée à la sémantique de *bló*. Nous avons expliqué cette possibilité par le fait que, dans ces cas, le verbe *bló* est utilisé dans le champ sémantique « identité/composition », et que c'est une caractéristique de ce champ sémantique que les verbes qui y sont utilisés aient une lecture stative et non dynamique. Si cette analyse est correcte, elle permet de retenir une seule SCL pour le verbe *bló*, celle de (46).

6. CONCLUSION

L'objectif de ce travail était de caractériser les propriétés lexicales du verbe *bló* qui justifient la possibilité pour ce verbe d'entrer dans différentes structures impliquant des interprétations distinctes. Nous avons montré que ce verbe n'encode pas en lui-même une référence spécifique. Par référence spécifique, nous entendons les notions sémantiques comme le changement, le résultat, la manière, l'instrument, la direction, etc. qu'on retrouve habituellement dans les autres entrées lexicales et qui spécifient la classe sémantique à laquelle appartient tel ou tel prédicat (cf. Levin (à paraître)). Ces notions sont absentes de l'entrée lexicale de *bló*. Tout ce que ce verbe indique, c'est qu'une entité x est directement associée à la réalisation d'une entité y. Tel est le sens nucléaire du verbe *bló*, le composant sémantique commun aux divers emplois de ce verbe. Les distinctions sémantiques qui s'observent dans ces différents usages de *bló* découlent de la référence sémantique des entités représentées par les variables *x* et *y*, ainsi que du champ sémantique dans lequel ce verbe est utilisé.

BIBLIOGRAPHIE

BROUSSEAU, A.-M. et RITTER, E. – 1990, « Causation and Verbal Diathesis », ms., Université du Québec à Montréal.

CATTELL, R. – 1984, *Composite Predicates in English*, North Rude, New South Wales, Australia, Academic Press.

DI SCIULLO, A.-M.et ROSEN, S. – 1990, « Constructions à prédicats légers et quasi-légers », ms., Université du Québec à Montréal.

DOWTY, D. – 1979, *Word Meaning and Montague Grammar: The Semantics of Verbs and Times in Generative Semantics and in Montague's PTQ*, Dordrecht, Reidel.

GRIMSHAW, J. et MESTER, A. – 1988, « Light Verbs and Theta-Marking », *Linguistic Inquiry*, 19, p. 205-232.

GRUBER, J. – 1976, *Lexical Structures in Syntax and Semantics*, North-Holland, Amsterdam.

GUERSSEL, M. – 1986, « On Berber Verbs of Change: A Study in Transitivity Alternations », *Lexicon Project Working Papers* 9, MIT Center for Cognitive Science, Cambridge, MA, MIT.

HALE, K. et KEYSER, J. – 1987, « A View from the Middle », *Lexicon Project Working Papers* 10, MIT Center for Cognitive Science, Cambridge, MA, MIT.

JACKENDOFF, R. – 1983, *Semantics and Cognition*, Cambridge, MA, MIT Press.

JACKENDOFF, R. – 1990, *Semantic Structures*, Cambridge, MA, MIT Press.

KEARNS, K. – 1988, « Light Verbs in English » ms., Cambridge, MA, MIT.

LABELLE, M. – 1990, « Unaccusative and Intransitive Inchoatives », ms., Université du Québec à Montréal.

LEVIN, B. – À paraître, *Towards a Lexical Organization of English Verbs*, Chicago, University of Chicago Press.

LEVIN, B. et RAPPAPORT, M. – 1986, « The formation of Adjectival Passives », *Linguistic Inquiry*, 17, p. 623-661.

LEVIN, B. et RAPOPORT, T.R. – 1988, « Lexical Subordination », *Papers from the Twenty-fourth Regional Meeting*, Chicago Linguistic Society, University of Chicago.

TENNY, C. – 1988, « Studies in Generative Approaches to Aspect », *Lexicon Project Working Papers* 24, MIT Center for Cognitive Science, Cambridge, MA, MIT.

TENNY, C. – 1989, « The Aspectual Interface Hypothesis », *Lexicon Project Working Papers* 31, MIT Center for Cognitive Science, Cambridge, MA, MIT.

VAN VALIN, R. – 1987, « The Unaccusative Hypothesis vs Lexical Semantics: Syntactic vs Semantic Approaches to Verb Classification », *Proceedings of Nels 17*, University of Amherst at Amherst, MA.

VAN VOORST, J.G. – 1988, « Event Structure », *Current Issues in Linguistic Theory*, no 59, Amsterdam/Philadelphia, John Benjamins.

VAN VOORST, J.G. – 1990, « The Aspectual Semantics of Psychological Verbs », ms., Université du Québec à Montréal.

VAN VOORST, J.G. – 1991, « A Localist Model for Event Semantics », ms., Université du Québec à Montréal.

VENDLER, Z. – 1967, *Linguistics in Philosophy*, Ithaca, Cornell University Press.

Anne-Marie Brousseau

RÉALISATIONS SYNTAXIQUES ET REPRÉSENTATIONS SÉMANTIQUES DES INSTRUMENTS EN FƆNGBÈ *

1. INTRODUCTION

Le rôle que joue un Instrument dans l'action dénotée par un verbe varie largement selon le verbe avec lequel il apparaît et selon la position syntaxique qu'il occupe, comme le montrent les exemples suivants.

(1)   a.   Jean a tué l'orignal avec cette carabine.

          b.   Cette carabine a tué l'orignal.

(2)   a.   Jean a mangé le gâteau avec cette fourchette.

          b. *   Cette fourchette a mangé le gâteau

* Cette recherche a été financée par des subventions accordées par le CRSH, le FCAR et le FIR (UQAM) au projet de recherche intitué *La genèse du créole haïtien : un cas particulier d'investigation sur la forme de la grammaire universelle.* J'ai également bénéficié d'une bourse de doctorat du CRSH. Je tiens à remercier mes informatrices fɔn, Christiane Sodji, Berthe Adégbidi et Dica Adotévi. Merci également aux membres du projet, particulièrement Claire Lefebvre et John Lumsden, pour les judicieux commentaires qu'ils ont apportés à une première version de cet article.

Dans cet article, je propose une analyse des Instruments en fɔngbè qui permet de mieux définir ces divers rôles et qui rend compte des variations dans leurs réalisations syntaxiques respectives.

Dans la prochaine partie, je tente de circonscrire la notion d'Instrument, par opposition à d'autres participants [1] qui ont une distribution similaire dans les phrases. La partie 3 montre les diverses réalisations syntaxiques des Instruments en fɔngbè. À la partie 4, je présente une typologie des Instruments qui permet de rendre compte de leurs différentes réalisations syntaxiques. Outre la distinction déjà établie dans la bibliographie entre Instruments facilitants et intermédiaires, j'introduis une distinction supplémentaire entre Instruments requis et contingents. À la partie 5, je propose les Structures conceptuelles lexicales pertinentes aux divers types d'Instruments, et je montre comment ces représentations rendent compte des propriétés sémantiques et syntaxiques des Instruments.

2 . QU'EST-CE QU'UN INSTRUMENT ?

Plusieurs définitions informelles de l'Instrument on été proposées. Par exemple, pour Grimes (1975), un Instrument est simplement « quelque chose utilisé pour accomplir une action ». Pour Chafe (1970), un Instrument est « un objet qui joue un rôle dans l'accomplissement d'un processus, mais qui n'est ni une force motivante, ni une cause, ni un instigateur ». Par contre, Fillmore (1968) voit plutôt l'Instrument comme un « causeur » du processus : le cas instrumental est « le cas des forces ou des objets inanimés impliqués de façon causale dans l'état ou l'action identifié par le verbe ». Les différentes définitions peuvent se résumer à deux conceptions fondamentales du rôle attribué à l'Instrument dans le processus décrit par un verbe : soit qu'il est un causeur du processus, soit qu'il est utilisé par un causeur (un Agent). Cette différence correspond en fait aux différentes structures où l'Instrument peut apparaître.

Se basant sur le parallèle dans la distribution des Agents et des Instruments, Schlesinger (1989) soutient que l'Instrument est non seulement un causeur comme le propose Fillmore, mais un Agent. À l'instar d'un Agent animé, l'Instrument peut apparaître en position de sujet d'un verbe transitif (cf. (3b)) et dans le syntagme en *par* de la phrase passive correspondante (cf. (4b)).

(3)   a.   Jean a tué le président.

          b.   La bombe a tué le président.

---

[1] J'utilise le terme « participant » pour désigner à la fois un argument du verbe ou un modifieur sans égard justement à son statut. Ce terme englobe donc des arguments comme l'Agent ou le Thème et des modifieurs comme la Manière. J'identifie ces participants selon leur rôle sémantique au moyen des étiquettes (p. ex., Instrument avec une majuscule) généralement utilisées dans les études sur les rôles thématiques et les cas abstraits, quoique je ne confère pas à ces rôles un statut de primitifs dans les représentations sémantiques.

(4)   a.   Le président a été tué par Jean.

        b.   Le président a été tué par la bombe.

Cette conception est appuyée par des donnnées sur l'acquisition du langage. Selon une étude de Braine et Wells (1978) rapportée dans Braine et Hardy (1982), les enfants d'âge préscolaire identifient le sujet d'une phrase transitive comme un 'Acteur', c'est-à-dire comme le participant qui fait l'action, qu'il ait ou non un potentiel de volition ou d'instigation du processus. Le concept d'Acteur englobe à la fois l'Utilisateur (l'Agent) et l'Instrument, la distinction n'étant effectuée que lorsque les deux apparaissent dans une même phrase. Dans les phrases de (3) ci-dessus, les deux sujets ont ainsi le même rôle sémantique (Agent ou Acteur). Les différences dans certaines de leurs propriétés sémantiques peuvent être attribuées à la distinction [+ animé]/[− animé].

Il est toutefois moins évident que l'Instrument soit un causeur ou un acteur dans des phrases comme les suivantes, où il apparaît en position de complément de la préposition *avec*.

(5)   a.   Jean a tué le président avec un couteau de chasse.

        b.   Jean a écrit sa lettre avec un stylo rouge.

        c.   Jean a mangé son yogourt avec une cuiller à soupe.

D'une part, le rôle sémantique de l'Instrument doit être distingué dans ces phrases de celui de l'Agent animé qui l'utilise. D'autre part, selon le verbe avec lequel il apparaît, l'Instrument est interprété comme un participant plus ou moins direct au processus : le couteau est conçu plus facilement comme causant ou faisant une action dans le processus de couper, que la cuiller ne l'est dans le processus de manger.

Une définition plus formelle de l'Instrument reste donc à dégager. Je proposerai plus loin (partie 5) une définition basée sur la représentation conceptuelle du verbe dont l'Instrument est un participant. Il faut d'abord recourir à des critères formels permettant d'identifier l'Instrument dans les diverses constructions où il apparaît. En effet, plusieurs rôles sémantiques différents peuvent être réalisés en syntaxe de façon semblable. Les critères doivent distinguer l'Instrument, en position de sujet, des autres participants ayant force de cause, tels un Agent ou une Force naturelle (cf. (6)) et, en position de syntagme prépositionnel adjoint, de participants tels un Matériau, une Manière ou un Comitatif (cf. (7)).

(6)   a.   Ce couteau de chasse a tué l'épicier.

        b.   Jean a tué l'épicier.

        c.   La foudre/le cancer a tué l'épicier.

(7)   a.   Jean a repeint la cuisine avec un pinceau de dix centimètres.

        b.   Jean a repeint la cuisine avec de la peinture au latex.

        c.   Jean a repeint la cuisine avec beaucoup de soin.

        d.   Jean a repeint la cuisine avec son frère.

2.1   PROPRIÉTÉS SÉMANTIQUES DES INSTRUMENTS

Nilsen (1973) a proposé une caractérisation intéressante des divers rôles sémantiques en anglais en termes de traits sémantiques. Dans son analyse, les rôles sémantiques correspondent à des matrices spécifiées pour chacun des traits. Je n'adopte pas ce formalisme où les traits sont des primitifs de la théorie (sauf peut-être les traits intrinsèques tels Animé). Traduits dans le cadre théorique des Structures conceptuelles lexicales où se situe mon analyse, la plupart des traits de Nilsen seront en effet représentés dans la structure même (p. ex., présence de tel ou tel prédicat primitif et relation du participant avec ces prédicats). Mais puisqu'elle est basée sur les diverses façons dont les rôles sémantiques sont réalisés syntaxiquement, l'analyse de Nilsen fournit des généralisations pertinentes pour préciser la notion d'Instrument.

L'Instrument est distingué des rôles Agent, Force naturelle, Matériau et Manière au moyen de cinq traits, comme le montre le tableau ci-dessous [2].

(8)	Animé	Intention	Cause	Contrôleur	Contrôlé
Instrument	±	–	+	+	±
Agent	+	±	+	+	–
Force	–	–	+	+	–
Matériau	–	–	–	–	+
Manière	–	±	±	–	–

Les rôles définis par le trait [+ Cause] correspondent aux participants qui sont identifiés, dans les analyses qui décomposent les verbes en prédicats primitifs, comme le premier argument du prédicat CAUSE. Outre le rôle Manière, ce sont ceux qui apparaissent en position de sujet des verbes transitifs qui encodent un changement de lieu ou un changement d'état. Ces derniers rôles sont également définis par le trait [+ Contrôleur]. En fait, comme on le voit dans le tableau, les traits Cause et Contrôleur se recoupent. Je crois que ces deux traits peuvent être ramenés à un seul puisque, sauf la Manière, tous les rôles sémantiques portent la même valeur pour ces deux traits [3].

---

[2] Le tableau ne montre que les traits pertinents pour distinguer les rôles sémantiques qui m'intéressent ici. Nilsen utilise en effet une douzaine de traits pour caractériser un plus grand ensemble de rôles sémantiques. Toutefois, il ne fournit pas de critères pour distinguer l'Instrument du Comitatif. Je reviendrai sur cette distinction en 2.2. Sauf référence explicite, les exemples que je fournis ne sont pas ceux de Nilsen, mais des exemples équivalents du français.

[3] Nilsen attribue des valeurs différentes à ces deux traits pour le rôle Manière sur la seule base des contraintes d'occurence de l'adverbe *suddenly* 'soudainement'. Or, ces contraintes me semblent plutôt découler de la structure d'événement des verbes avec lesquels l'adverbe apparaît (p. ex., selon que le verbe est un *Achievement* ou un *Activity*, dans la classification de Vendler, (1967)).

Un rôle est marqué comme [+ Contrôleur] lorsqu'il peut contrôler le participant en position d'objet. Nilsen ne définit pas explicitement ce qu'il entend par contrôle. Sa notion semble rejoindre celle que Ladusaw et Dowty (1988) appellent le 'contrôle dans un sens non linguistique' (par opposition au contrôle de PRO). Le contrôle est ainsi la capacité de faire quelque chose à un objet, d'agir sur sa localisation ou sur son état. Les participants en position de sujet, qui sont marqués également comme [+ Cause], sont [+ Contrôleur], que ce soit un Agent, un Instrument ou une Force naturelle, par opposition à un Matériau et à une Manière.

(9)   a.   Jean/le sous-marin/une torpille/la tempête a coulé le bateau.

        b. * Du bois de chêne/beaucoup de soin a bâti cette maison.

Toutefois on trouve des exemples où le sujet ne contrôle pas l'objet. C'est le cas des verbes psychologiques (cf. (10)) et des constructions qui expriment une propriété, caractéristique ou potentielle, du sujet (cf. (11)). Il s'agit dans les deux cas de phrases qui dénotent un état [4]. La généralisation de Nilsen devrait donc être spécifiée comme suit : le sujet d'un verbe transitif qui ne réfère pas à un état doit porter le trait [+ Contrôleur].

(10)   a.   Jean craint les araignées.

        b.   Ce film a choqué/amusé/ennuyé Jean.

(11)   a.   Ce détersif lave le linge plus blanc.

        b.   Cette affiche annonce de nouveaux films.

        c.   Ce stylo écrit bien.

Le contrôle peut également s'établir sur un autre participant que le Thème (ou le Patient). Typiquement, le participant contrôlé apparaît dans un PP en *avec*.

(12)   a.   L'amiral a coulé le bateau avec trois torpilles.

        b.   Le sous-marin a coulé le bateau avec trois torpilles.

        c.   La tempête a coulé le bateau avec ses vagues hautes de six mètres.

        d.   Jean a tué le président avec ce revolver/trois balles.

        e.   Ce revolver a tué le président avec trois balles.

        f.   Jean a bâti sa maison avec des briques rouges [5].

---

[4] En effet, ces phrases se comportent comme des états en regard des divers tests qui les opposent aux verbes actifs (impossibilité d'apparaître au progressif et dans les pseudo-clivées, etc. ; cf. van Voorst, 1990).

[5] Certains locuteurs jugent les phrases (12c) et (12e) moins acceptables, précisément parce qu'ils trouvent difficile une interpétration impliquant une relation de contrôle entre la tempête et les vagues ou entre le revolver et les balles. Ce genre de variation ne me semble pas problématique puisqu'il s'agit de rendre compte, non pas de ce que sont les actions dans le monde, mais plutôt de ce que les locuteurs croient que sont ces actions lorsqu'ils parlent.

Lorsqu'elle introduit un participant intermédiaire dans l'action, la préposition *avec* (comme son équivalent *with* en anglais [6]) dénote le contrôle de ce participant par le sujet. D'où le contraste entre les phrases suivantes :

(13) a. Jean s'est coupé avec le couteau à patates.

b. Jean s'est coupé sur le couteau à patates.

c. Jean s'est coupé sur / *avec le coin de la table.

d. Jean s'est ouvert les veines *sur / avec le couteau à patates.

Puisque Jean ne peut pas contrôler le coin de la table, la phrase (c) n'est acceptable qu'avec la préposition locative. À l'inverse, la phrase (d), qui réfère à une situation où Jean doit contrôler l'Instrument pour acccomplir son suicide, exige la présence de la préposition *avec*. De la même façon, la phrase (b) est adéquate pour décrire une situation où Jean n'est pas en train de manipuler le couteau (contrairement à la phrase (a)), par exemple si Jean a glissé sa main sur un couteau en voulant prendre quelque chose sur la table.

Dans les phrases passives, d'ailleurs, la présence de *avec* force une interprétation impliquant une relation de contrôle. Contrairement à la phrase en (14a) qui peut référer à une situation où les rats ont été victimes d'une émanation massive de gaz, (14b) implique la présence d'un Agent implicite, qui contrôle le gaz [7].

(14) a. Les rats ont été exterminés par le gaz.

b. Les rats ont été exterminés avec du gaz.   (Nilsen, p.108)

Comme le montrent les exemples suivants, un Matériau ou une Manière ne peut être le contrôleur ni d'un Thème ni d'un autre participant (cf. (15)), alors qu'une Force naturelle ou un Agent ne peut pas être contrôlé (cf. (16)).

(15) a. * Des briques rouges ont bâti la maison de Jean (avec du mortier).

b. * De l' habileté/beaucoup de minutie a bâti la maison (avec des briques)[8].

(16) a. * L'amiral a coulé le bateau avec une tempête.

---

[6] Voir également Levin (1979).

[7] Alain Kihm me fait remarquer que si l'on remplace *rats* par *Juifs* dans la phrase (14a), on ne peut plus avoir d'interprétation non agentive. Mon jugement, comme celui de mes informateurs montréalais, est quelque peu différent. Pour moi, la phrase correspondant à (14a), *Les Juifs ont été exterminés par le gaz*, n'implique pas la présence d'un contrôleur. *Par le gaz* est ici paraphrasable par *dans la chambre à gaz*, et est interprété comme un instrument relativement autonome.

[8] Nilsen ne discute pas les traits [– Contrôleur] et [– Contrôlé] qu'il attribue à la Manière. L'exemple que j'ai fourni en (15b) confirme la valeur du premier trait, mais des phrases comme les suivantes suggèrent la possibilité de la valeur [+ Contrôlé] :

(a) Jean a bâti sa maison minutieusement /avec habileté.

(b) Jean a tué le président violemment /avec sadisme.

Le contrôle est moins évident toutefois dans un exemple comme le suivant.

(c) Jean a quitté la réunion avec beaucoup de maladresse/de regret/de colère.

Le rôle Manière serait ainsi mieux défini comme [± Contrôlé].

b. * L'amiral a coulé le bateau avec le matelot, en compagnie du capitaine.

c. * L'amiral a coulé le bateau avec un sous-marin.

Dans le dernier exemple, le fait que le sous-marin ne puisse être contrôlé suggère qu'il est interprété comme un Agent plutôt que comme un Instrument. Le sous-marin réfère alors à l'équipage qui l'occupe [9]. Cela est confirmé d'ailleurs, comme je le montrerai ci-dessous, par son comportement quant aux tests pour les trait Animé et Intention.

Quant à l'Instrument, c'est le seul rôle qui peut être défini à la fois comme [+ Contrôleur] et [+ Contrôlé]. En fait, comme on a pu le voir dans les exemples en (12), il porte l'une ou l'autre des valeurs pour ce deuxième trait, selon qu'il apparaît comme complément de la préposition *avec* ([+ Contrôlé]) ou en position de sujet ([– Contrôlé]).

Ce qui distingue l'Instrument des autres rôles qui sont à la fois des causes et des contrôleurs (c.-à-d. Force naturelle et Agent), ce sont les traits Intention et Animé. Nilsen retient comme indice du trait [+ Animé] la possibilité pour un NP d'apparaître avec un rôle d'Expérienceur (c.-à-d. en complément de verbes psychologiques comme *frighten* 'effrayer' ou *please* 'plaire'). Le rôle qui porte le trait [+ Animé] est bien sûr l'Agent, mais également, dans certains cas, l'Instrument. Nilsen relève un contraste entre les deux phrases suivantes où un être humain est utilisé comme un Instrument :

(17)   a.   Nixon used Agnew as a shield against the university students.
'Nixon a utilisé Agnew comme bouclier contre les étudiants de l'université.'

b.   Nixon used Agnew to promote his own views.
'Nixon a utilisé Agnew pour promouvoir ses idées.'   (Nilsen, p.112)

Dans le premier cas, *Agnew* est utilisé de façon passive, comme une entité [– Animé] : on peut remplacer *Agnew* dans cette phrase par *Agnew's body* 'le corps d'Agnew'. En (17b) cependant, *Agnew* est impliqué activement dans la promotion des idées et conserve son trait [+ Animé].

Par contre, le trait [+ Intention] est le propre du rôle Agent. Même lorsqu'il est animé, comme en (17b), l'Instrument porte le trait [– Intention]. Les phrases impliquant un Agent sont généralement ambiguës quant à l'intentionnalité de l'action. En (18), par exemple, l'action peut être autant accidentelle que volontaire.

(18)   Jean a crevé le ballon avec son stylo.

Certains types d'adverbes lèvent cette ambiguïté en forçant l'interprétation intentionnelle (cf. (19a)). C'est également le cas de la structure en *prendre* ou *utiliser* (cf. (19b)) et de la phrase enchâssée sous le verbe *forcer* (cf. (19c)).

(19)   a.   Jean a crevé le ballon avec son stylo délibérément.

---

[9] En fait, une phrase du type de (16c) est possible lorsqu'on y ajoute de l'information qui force une interprétation non humaine du sous-marin, comme le montre l'exemple ci-dessous, fourni par Alain Kihm :

(a) L'amiral a coulé le bateau avec un sous-marin qu'il avait placé stratégiquement à l'embouchure de la passe.

b.   Jean a pris/utilisé son stylo pour crever le ballon.

c.   Jean a forcé Marie à crever le ballon.

L'application de ces trois tests montre que l'Instrument porte le trait [– Intention] :

(20)   a.   Ce revolver a tué le président.

b. * Ce revolver a tué le président délibérément.

c. * Ce revolver a pris/utilisé trois balles pour tuer le président.

d. * Jean a forcé le revolver à tuer le président.

Ces test révèlent également qu'une entité comme un sous-marin peut être interprétée comme un Agent, en référence à l'équipage humain qu'il contient.

(21)   a.   Le sous-marin a bombardé ce petit port de pêche.

b. ? Le sous-marin a bombardé ce petit port de pêche délibérément.

c.   Le sous-marin a ? pris/utilisé trois obus pour bombarder ce port.

d.   L'amiral a forcé le sous-marin à bombarder ce petit port de pêche.

La phrase en (21b) est jugée par plusieurs locuteurs du français comme moins acceptable qu'une phrase équivalente où l'Agent est un humain, mais certainement pas aussi mauvaise que la phrase en (20b) où le sujet est un 'vrai' Instrument [10].

Quant à l'Instrument, c'est le seul rôle qui peut être défini à la fois comme [+ Contrôleur] et [+ Contrôlé]. En fait, comme on a pu le voir dans les exemples de (12), il porte l'une ou l'autre des valeurs pour ce deuxième trait, selon qu'il apparaît comme complément de la préposition *avec* ([+ Contrôlé]) ou en position de sujet ([– Contrôlé]).

En résumé, l'Instrument est le seul rôle qui peut être défini à la fois comme [+ Contrôleur] et [+ Contrôlé]. Il porte l'une ou l'autre des valeurs pour ce deuxième trait : il est [+ Contrôlé] lorsqu'il est le complément de la préposition *avec*, mais il est [– Contrôlé] lorsqu'il est le sujet ou le complément d'une préposition locative.

La caractérisation de Nilsen fournit des critères formels pour identifier l'Instrument lorsqu'il apparaît en position de sujet : les traits [+ Contrôlé] et [– Intention] le distinguent respectivement des Forces naturelles et des Agents. La distinction me semble moins claire par rapport aux autres participants introduits par la préposition *avec* (le Matériau et la Manière), d'autant plus que je compte répondre à la question de savoir si un Instrument est un argument du verbe ou un adjoint. En outre, comme je l'ai déjà mentionné, Nilsen ne distingue pas l'Instrument d'un autre participant

---

[10] Quant au fait qu'en (21c) la phrase est moins acceptable avec *prendre* qu'avec *utiliser*, je crois qu'il est attribuable à d'autres facteurs. En effet, on observe le même contraste avec les exemples suivants qui impliquent tous un même Agent humain.

(a) Jean a pris / ??utilisé Marie pour défoncer la porte.

(= Jean s'est servi de Marie comme bélier pour défoncer la porte.)

(b) Jean a ??pris /utilisé Marie pour obtenir sa promotion.

(c) Jean a pris /utilisé des étudiants pour repeindre sa maison.

introduit par la préposition *avec*, à savoir le Comitatif. Dans la prochaine partie, j'examine d'autres tests proposés dans les études sur le sujet.

2.2   TESTS SYNTAXIQUES D'IDENTIFICATION

Les analyses sur les Cas en structure profonde (*deep Cases*) soutiennent qu'un Cas ne peut apparaître qu'une seule fois dans une prédication simple, c'est-à-dire dans une phrase qui ne contient pas de proposition enchâssée (cf. notamment Fillmore, 1968; Gruber, 1965). Cette généralisation fournit un test pour identifier les divers rôles sémantiques. Les cooccurences exemplifiées ci-dessous montrent qu'Instrument, Manière, Matériau et Comitatif constituent des rôles distincts.

(22)   a.   Jean a bouché le trou avec du ciment à l'aide d'une pelle.

b.   Jean a rempli les bouteilles de sable avec beaucoup de minutie.

c.   Jean a coupé les légumes avec beaucoup de minutie à l'aide du couteau à patates.

d.   Jean a coupé les légumes avec son frère à l'aide du couteau à patates [11].

Comme le fait remarquer Levin (1979), pour être adéquate, la contrainte doit être reformulée comme suit : deux occurences du même rôle dans une même phrase sont possibles seulement si elles ont le même référent. Cette reformulation permet d'intégrer la plupart des exemples que Nilsen (1973) propose pour rejeter la validité de ce test.

(23)   a.   He sat on a bench under a tree in the park.
'Il s'assit sur un banc sous un arbre dans le parc.'

b.   John threw the ball from the left side to the right side of the street.
'Jean a lancé la balle du côté gauche au côté droit de la rue.'

c.   He built the igloo out of ice and snow.
'Il a construit un igloo avec de la glace et de la neige.'

En (23b), si Jean est interprété seulement comme l'Agent de l'action de lancer, il n'y a pas deux occurences d'un même rôle sémantique. S'il est interprété plutôt comme la source de la trajectoire que suit la balle, il est alors une localisation, non distincte de la localisation 'côté gauche de la rue'. La reformulation de Levin me semble également adéquate pour rendre compte des cooccurences apparaissant dans une structure coordonnée comme en (23c). La coordination impose à mon avis une interprétation où

---

[11] Pour plusieurs locuteurs du français, les phrases en (22) sont moins acceptables lorsque les deux participants sont introduits par *avec*. La répétition est considérée comme stylistiquement « lourde », surtout si les deux PP sont adjacents. Par exemple, la phrase (a) est moins acceptable que (b), qui est elle-même moins acceptable que (22a).

(a) ?? Jean a bouché le trou avec du ciment avec une pelle.

(b) ? Avec une pelle, Jean a bouché le trou avec du ciment.

l'Instrument a un référent unique, où il constitue un tout dont chacun des coordonnés constitue une partie. D'ailleurs, sans coordination, la phrase devient inacceptable :

(24) a. * He built the igloo out of ice out of snow.

 b. * Il a construit un igloo avec de la glace avec de la neige.

 c. * Il a construit un igloo en glace avec de la neige.

En fait, la conjontion constitue un deuxième test pour identifier les rôles sémantiques. Plusieurs sémanticiens ont en effet proposé que la conjonction n'est possible qu'entre deux éléments qui partagent les mêmes traits, dont notamment les traits qui définissent leur rôle sémantique. Ce test est en fait le converse du précédent, et les phrases en (22) deviennent toutes agrammaticales lorsqu'on conjoint Instrument, Matériau et Manière.

(25) a. * Jean a bouché le trou avec du ciment et une pelle.

 b. * Jean a rempli les bouteilles avec du sable et beaucoup de minutie.

 c. * Jean a coupé les légumes avec beaucoup de minutie et un couteau à patates.

 d. * Jean a coupé les légumes avec son frère et un couteau à patates.

Si la possibilité de conjoindre deux participants indique qu'ils ont le même rôle sémantique, l'impossibilité de conjoindre ne permet pas toujours de conclure qu'il s'agit de deux rôles différents. En effet, une incompatibilité entre certains autres traits des participants peut bloquer la conjonction, par exemple les traits [± Concret] (cf. (26a)) ou [± Animé] (cf. (26b)).

(26) a. * Jean a utilisé son C.V. et son influence pour obtenir un nouveau poste.

 b. * Jean a utilisé son patron et son C.V. pour obtenir un nouveau poste.

Le dernier test, spécifique au rôle Instrument, est admis par plusieurs linguistes depuis Lakoff (1970) : un Instrument est le participant qui peut, tout en gardant le même sens, apparaître à la fois comme complément de la préposition *with* 'avec' et comme complément d'une paraphase avec le verbe *use* 'utiliser'. Ce test permet de distinguer l'Instrument des autres rôles introduits par la préposition 'avec', à savoir la Manière (cf. (27)) et le Matériau (cf. (28)).

(27) a. Jean a rejeté ma théorie avec sarcasme / violence.

 b. ?? Jean a utilisé le sarcasme/ la violence pour rejeter ma théorie.

(28) a. Jean a bâti son établi avec du bois de chêne.

 b. ?? Jean a utilisé du bois de chêne pour bâtir son établi [12].

---

[12] La phrase (28b) impliquant le matériau n'est pas agrammaticale au même titre que la phrase où la manière est le complément du verbe *utiliser*. La plupart des locuteurs trouvent cette phrase acceptable en soi, mais jugent qu'elle ne correspond pas à (28a) parce qu'elle suggère plutôt une interprétation où le bois de chêne est utilisé de façon instrumentale, par exemple si les planches ont servi à enfoncer des

Cadiot (1990) a également recours à ce test pour distinguer l'Instrument du Comitatif :

(29) a. Paul enfonce un clou avec un marteau.

b. Paul utilise un marteau pour enfoncer un clou.

(30) a. Paul se promène avec un chien.

b. ?* Paul utilise un chien pour se promener.

La phrase (30b), comme le note Cadiot, n'est possible que si le chien est interprété comme un Instrument et non pas comme un Comitatif, comme en (30a). Cette phrase est acceptable si, par exemple, Paul est aveugle et a besoin d'un chien-guide.

Chomsky (1970) a toutefois mis en doute la validité de la proposition de Lakoff en montrant que la structure en *use* n'a pas toujours d'équivalent en *with*.

(31) a. * John furthered his career with his connections.
'Jean a fait avancer sa carrière avec ses contacts influents.'

b. John used his connections to further his career.
'Jean a utilisé ses contacts influents pour faire avancer sa carrière.'

Ou bien il ne s'agit pas là d'un test fiable pour identifier les Instruments. Je crois plutôt que Lakoff a raison et que l'exemple en (31) implique un participant qui n'est pas un Instrument mais plutôt une Manière. Évidemment, ce test n'est applicable qu'aux Instruments contrôlés, puisque les deux paraphrases impliquent une relation de contrôle entre l'Agent et l'Instrument. Les Instruments introduits par une préposition locative, qui sont [– Contrôlé], ne peuvent être identifiés au moyen de ce test, comme nous le verrons dans la prochaine partie.

3. RÉALISATIONS SYNTAXIQUES DE L'INSTRUMENT

Dans cette partie, je présente les diverses façons dont les Instruments sont réalisés en fɔngbè. J'ai retenu comme Instruments les participants qui respectent le critère formulé par Lakoff (1970) [13] :

(32) a. Kɔkú   sɛ́n   làn   ɔ́   kpó   jìví   kpó.
Koku   couper   viande   DÉT   avec   couteau   avec
'Koku a coupé la viande avec un couteau.'

b. Kɔkú   zàn   jìví   bó   sɛ́n   làn   ɔ́   ná.
Koku   utiliser   couteau   COMP   couper   viande   DÉT   pour
'Koku a utilisé un couteau pour couper la viande.'

---

clous, en l'absence d'un marteau. Le bois de chêne est ainsi un matériau en (28a) mais un instrument en (28b).

[13] Dans la traduction mot à mot des exemples du fɔngbè, j'utilise les abréviations suivantes : DÉT pour déterminant, DÉM pour démonstratif, LOC pour la tête des PP locatifs, FOC pour le marqueur de focus, COMP pour le complémenteur. Quant aux exemples, ils sont orthographiés selon les conventions en usage au Bénin.

La cooccurence dans la même phrase de deux participants a été également retenue comme indice pour distinguer les rôles des participants réalisés dans des PP :

(33) a. Kɔkú tɔ̀ còkòtò kpó àvɔ̀ élɔ́ kpó nyὲví élɔ́ kpó.
      Koku coudre shorts avec tissu DÉM avec aiguille DÉM avec
      'Koku a cousu des shorts dans ce tissu avec cette aiguille.'

    b. Kɔkú tɔ̀ còkòtò kpó nyὲví élɔ́ kpó yὲyí kpó.
      Koku coudre shorts avec aiguille DÉM avec soin avec
      'Koku a cousu des shorts avec cette aiguille soigneusement.'

3.1   LES RÉALISATIONS PP

La réalisation canonique de l'Instrument en fɔngbὲ, comme en français ou en anglais, est un PP dont la tête est une préposition équivalant à 'avec', *kpódó...kpó* [14] :

(34) a. Asíbá tà lìfín kpódó gànjà vɔ̀vɔ̀ ɔ́ kpó.
      Asiba tamiser farine avec tamis rouge DÉT avec
      'Asiba a tamisé de la farine avec le tamis rouge.'

    b. Asíbá kpà tὲví kpódó jìví kpó.
      Asiba peler igname avec couteau avec
      'Asiba a pelé des ignames avec un couteau.'

    c. Asíbá gbò àtín ɔ́ kpódó àsíyɔ́ví élɔ́ kpó.
      Asiba couper arbre DÉT avec hache DÉM avec
      'Asiba a coupé l'arbre avec cette hache.'

Comme c'est le cas dans plusieurs langues, cette réalisation syntaxique n'est pas propre à l'Instrument. La préposition introduit divers types de participants, tel le Comitatif (cf. (35)), le Matériau (cf. (36a)) et la Manière (cf. (36b)).

(35) a. Kɔkú yì àxìmὲ kpó Dìká kpó
      Koku aller marché avec Dica avec
      'Koku est allé au marché avec Dica'

    b. Kɔkú kpó Dìká kpó jì hàn
      Koklu avec Dica avec produire chant
      'Koku et Dica ont chanté'

(36) a. Kɔkú gɔ́ hùn ɔ́ kpó gbàdé kpó
      Koku remplir camion DÉT avec maïs avec
      'Koku a rempli le camion avec du maïs.'

---

[14] Le PP contient deux marqueurs prépositionnels : *kpódó*, qui alterne avec la forme réduite *kpó*, et *kpó*. Selon Lefebvre (1990), il s'agit d'un PP complexe : le NP est engendré dans le spécifieur du PP dont la tête est *kpó*, ce PP étant lui-même le complément de la préposition *kpódó*.

    b.   Kɔkú xà wémâ ɔ́ kpó yèyí   kpó
         Koku lire livre DÉT avec attention avec
         'Koku a lu le livre avec attention.'

Puisque le PP en *kpóɖó...kpó* introduit seulement des Instruments contrôlés, encore une fois comme en français et en anglais, l'Instrument peut également être réalisé comme un PP locatif.

(37) a.   Kɔkú gbò   àlɔ̀   kpó jìví   ɔ́ kpó
         Koku couper main avec couteau DÉT avec
         'Koku s'est coupé la main avec un couteau.'

     b. ?? Kɔkú gbò   àlɔ̀   kpó távò ɔ́ tó   kpó
          Koku couper main avec table DÉT bord avec
          'Koku s'est coupé la main avec le bord de la table.'

(38) a. * Kɔkú gbò   àlɔ̀   ɖò jìví   ɔ́ (tó) jí
          Koku couper main loc couteau DÉT (bord) dessus
          'Koku s'est coupé la main sur le (bord du) couteau.'

     b.   Kɔkú gbò   àlɔ̀   ɖò távò ɔ́ tó jí
         Koku couper main loc table DÉT bord dessus
         'Koku s'est coupé la main sur le bord de la table.'

Ainsi, la phrase (37b) est peu acceptable parce qu'il est difficile pour Koku de contrôler le bord de la table. La présence de *kpóɖó...kpó* force une interprétation où Koku aurait manipulé la table comme un objet tranchant pour se couper la main. L'équivalent locatif en (38b) est tout à fait grammatical. À l'inverse, la phrase (37a) implique que Koku manipule le couteau qui lui coupe la main. Mais un PP locatif ne peut pas être utilisé pour référer à une situation où Koku ne tient pas le couteau et entre accidentellement en contact avec celui-ci, comme le montre l'agrammaticalité de (38a). Pour dénoter cette dernière situation, l'Instrument doit apparaître en position de sujet :

(39) a.   Jìví ɔ́   gbò   Kɔkú sín àlɔ̀.
         couteau DÉT couper Koku de main
         'Le couteau a coupé la main de Koku.'

     b.   Távò ɔ́   tó   gbò   Kɔkú sín àlɔ̀.
         table DÉT bord couper Koku de main
         'Le bord de la table a coupé la main de Koku.'

3.2   LES RÉALISATIONS SUJET

On voit donc que l'Instrument peut aussi occuper la position de sujet. Mais, comme le montrent les exemples ci-dessous, cette réalisation est soumise à plus de contraintes que celle en PP.

(40) a. Asíbá   tà   gàlí   kpóɖó gànjà vɔ̀vɔ̀ ɔ́   kpó.
         Asiba   tamiser farine de manioc avec   tamis rouge   DÉT
                                                  avec
         'Asiba a tamisé la farine de manioc avec le tamis rouge.'

     b. Gànjà vɔ̀vɔ̀ ɔ́   tà   gàlí.
         tamis rouge DÉT tamiser farine de manioc
         'Le tamis rouge a tamisé la farine de manioc.'

(41) a. Asíbá   sέn   làn   kpóɖó jìví   élɔ́ kpó.
         Asiba   couper viande avec   couteau DÉM avec
         'Asiba a coupé de la viande avec ce couteau.'

     b. Jìví   élɔ́ sέn   làn.
         couteau DÉM couper viande
         'Ce couteau a coupé de la viande.'

(42) a. Asíbá   tún   nyìbú ɔ́   kpóɖó jìví   élɔ́ kpó.
         Asiba   délié   boeuf DÉT avec   couteau DÉM avec
         'Asiba a délié le boeuf avec ce couteau.'

     b. * jìví   élɔ́ tún   nyìbú ɔ́
         couteau DÉM délié   boeuf DÉT
         'Ce couteau a délié le boeuf.'

(43) a. Asíbá   bέ   kɔ́   kpóɖó pέlî   élɔ́ kpó.
         Asiba   ramasser sable   avec   pelle DÉM avec
         'Asiba a ramassé du sable avec cette pelle.'

     b. * pέlî   élɔ́ bέ   kɔ́
         pelle DÉM ramasser sable
         'Cette pelle a ramassé du sable.'

Tous les Instruments qui sont introduits par *kpóɖó...kpó* ne peuvent pas apparaître en position de sujet d'une phrase correspondante. Comme je le montrerai plus loin, cette possibilité est liée au rôle que joue l'Instrument dans l'action. En outre, avec certains verbes, la phrase n'est totalement acceptable que si l'Instrument sujet est déplacé en position focus :

(44) a. Asíbá   já   àtín kpóɖó àsíyɔ́ví ɔ́   kpó.
         Asiba   couper en morceaux arbre avec   hache   DÉT avec
         'Asiba a débité un arbre avec la hache.'

     b. ? Àsíyɔ́ví ɔ́   já   àtín.
         hache   DÉT couper en morceaux arbre
         'La hache a débité un arbre.'

     c. Àsíyɔ́ví ɔ́   wè   já   àtín.
         hache   DÉT FOC couper en morceaux arbre
         'C'est la hache qui a débité un arbre.'

Cette variante est toujours possible avec les Instruments comme ceux de (40) et (41) qui apparaissent en position de sujet (cf. (45a,b)). Par contre, les phrases en (42) et (43) ne permettent pas plus l'Instrument sujet en focus que dans sa position de base (cf. (45c,d)).

(45)   a.   Gànjà   vɔ̀vɔ̀ ɔ́   wɛ̀   tà   gàlí.
             tamis   rouge DÉT FOC tamiser farine de manioc
             'C'est le tamis rouge qui a tamisé la farine de manioc.'

        b.   Jìví   élɔ́   wɛ̀   sɛ́n   làn.
             couteau DÉM FOC couper viande
             'C'est ce couteau qui a coupé de la viande.'

        c. * jìví   élɔ́   wɛ̀   tún   nyìbú ɔ́
             couteau DÉM FOC délié   boeuf   DÉT
             'C'est ce couteau qui a délié le boeuf.'

        d. * pɛ́lî   élɔ́   wɛ̀   bɛ́   kɔ́
             pelle   DÉM FOC ramasser sable
             'C'est cette pelle qui a ramassé du sable.'

On trouve enfin un autre type de phrases où l'Instrument apparaît en position de sujet. Ces phrases se distinguent de celles illustrées plus haut en ce qu'elles sont interprétées au présent générique et qu'elles nécessitent souvent un adverbe.

(46)   a.   Gànjà   vɔ̀vɔ̀ ɔ́   tà   gàlí   gànjí.
             tamis   rouge DÉT tamiser farine de manioc bien
             'Le tamis rouge tamise bien la farine de manioc.'

        b.   Jìví   élɔ́   sɛ́n   làn   gànjí.
             couteau DÉM couper viande bien
             'Ce couteau coupe bien la viande.'

Je crois qu'il faut établir une distinction entre ces phrases, qui réfèrent à une propriété de l'Instrument, et celles qui dénotent un événement dont l'Instrument est un participant (cf. (39) à (45)). Cette distinction est parallèle à celle qui distingue les structures moyennes (p. ex., *Le pain se coupe facilement*.) des structures inchoatives (p. ex., *Le vase s'est brisé*.). Dans plusieurs langues en effet, on trouve une telle variante pour divers participants, par exemple une Localisation, un Agent, en plus d'un Thème (structure moyenne) ou d'un Instrument :

(47)   a.   Cette auberge peut coucher quinze personnes.

        b.   Jean-Paul écrit.

        c.   Cette théorie se comprend facilement.

        d.   Ce stylo écrit bien.

Ces phrases ont toutes en commun de dénoter une propriété (contigente ou caractéristique) du participant en position de sujet. On peut souvent les paraphraser par une structure adjectivale : *Jean-Paul est écrivain*, *Cette théorie est facilement compréhensible*, etc. Il s'agit de phrases qui désignent des états et non pas des actions (des événements, dans le sens de Van Voorst, 1990). Or, comme je l'ai déjà noté à la partie 2, le trait [+ Contrôleur], qui définit les Instruments, caractérise le sujet d'un verbe qui désigne un événement, mais pas le sujet d'un verbe qui désigne un état. J'utiliserai le terme 'propriété/ caractéristique de' pour référer aux réalisations illustrées en (47), réservant le terme 'réalisation sujet' aux phrases où l'Instrument est un participant exerçant un contrôle dans un événement..

Enfin, la position de sujet peut également être occupée par des participants inanimés comme les suivants :

(48) a. Jòhɔ́n xú   àvɔ̀   ɔ́.
         vent sécher pagne DÉT
         'Le vent a séché le pagne.'

    b. Àzɔ̀n   ɖè hù Asíbá.
        maladie une tuer Asiba
        'Une maladie a tué Asiba.'

Il s'agit de Forces naturelles qui s'opposent aux Instruments de par leur trait [– Contrôlé], d'où l'impossibilité de les introduire au moyen de *kpóɖó...kpó* :

(49) a. * Kɔ̀kú xú   àvɔ̀ ɔ́ kpóɖó jòhɔ́n kpó.
          Koku sécher pagne DÉT avec vent avec
          'Koku a séché le pagne avec le vent.'

    b. * Kɔ̀kú hù Asíbá kpóɖó àzɔ̀n   ɖè kpó.
         Koku tuer Asiba avec maladie une avec
         'Koku a tué Asiba avec une maladie.'

Dans la suite de cet article, les participants que je traite comme des Instruments sont donc ceux qui présentent au moins une réalisation PP.

4. TROIS TYPES D'INSTRUMENTS

Dans cette partie, je présente une typologie des Instruments qui permet de rendre compte de leurs différentes réalisations syntaxiques. J'adopte la distinction déjà établie dans la bibliographie entre Instruments facilitants et intermédiaires, et je propose qu'une distinction supplémentaire soit établie à l'intérieur des Instruments intermédiaires.

4.1 INSTRUMENTS INTERMÉDAIRES VERSUS INSTRUMENTS FACILITANTS

La possibilité pour un Instrument d'occuper la position de sujet dépend du rôle qu'il joue dans l'événement dénoté par le verbe. Cette observation est due à Marantz (1984) qui relève les exemples suivants :

(50) a. Elmer unlocked the porcupine cage with a key.
          'Elmer a déverrouillé la cage du porc-épic avec une clé.'
      b. Elmer examined the inscription with a magnifying glass.
          'Elmer a examiné l'inscription avec une loupe.'
(51) a. A key unlocked the porcupine cage.
          'Une clé a déverrouillé la cage du porc-épic.'
      b. * The magnifying glass examined the inscription.
          'La loupe a examiné l'inscription.'

Pour Marantz, la clé est un agent intermédaire en (50a). L'événement peut être paraphrasé comme 'Elmer a fait quelque chose à la clé, qui a fait quelque chose, et la cage est devenue déverrouillée'. En (50b), par contre, la loupe n'est pas un agent intermédaire dans l'action d'examiner ; son rôle est de faciliter cette action. Seuls les Instruments intermédaires peuvent apparaître en position de sujet. Cette distinction entre Instruments facilitants et intermédiaires est reprise par Levin et Rappaport (1986), qui précisent que le sujet instrumental est possible avec les verbes qui dénotent une action où l'Instrument est un intermédiaire ayant au surplus la capacité d'accomplir l'action avec une certaine autonomie.

Les verbes suivants du fɔngbè sont tous des verbes qui ne permettent pas à l'Instrument d'apparaître en position de sujet, que ce soit la position de base ou la position focus. Ce sont donc des verbes qui ne peuvent impliquer qu'un Instrument facilitant.

(52)   *Verbes à Instrument facilitant*

flé	'éplucher'	*tò*	'empiler'
dó	'semer'	*trɛ́*	'assembler'
bɛ́	'ramasser'	*gbà*	'renverser'
lì	'écraser'	*cí*	'éteindre'
tá	'allumer'	*tún*	'délier'
hùn	'ouvrir'	*sú*	'fermer'

4.2 INSTRUMENTS INTERMÉDIAIRES : REQUIS VERSUS CONTINGENTS

Toutefois, tous les verbes impliquant un Instrument intermédiaire n'ont pas un comportement syntaxique uniforme. Nous avons vu dans la partie précédente que certaines réalisations sujets n'étaient possibles que si l'Instrument était mis en focus (cf. (44)). Ce manque d'uniformité se retrouve même lorsque l'on compare des verbes sémantiquement proches, par exemple les verbes qui dénotent une action de couper. Les Instruments des verbes en (a) ci-dessous sont soumis à plus de contraintes dans leur réalisation sujet que ceux des verbes en (b).

(53)   *Verbes 'couper'*

    a.   *já*   'couper en petits morceaux'
           kán   'couper une partie, un morceau'
           má   'partager (en deux), pour distribuer'
           vlɔ́   'diviser (en deux)'
           zè   'fendre'

    b.   *gbò*   '(re)trancher, amputer, abattre, découper'
           kpà   'tailler superficiellement, peler'
           sɛ́n   'couper'

Cette différence est le reflet d'une différence sémantique entre les deux groupes de verbes. Les verbes en (53b) dénotent des actions qui nécessitent l'usage d'un objet tranchant. Ainsi, même s'il est possible de peler une banane avec ses doigts, on ne peut référer à ce type d'action au moyen du verbe *kpà*. Ce verbe, comme *gbò* et *sɛ́n*, a une représentation sémantique qui encode le moyen utilisé, en l'occurrence un Instrument. J'appelerai 'Instrument requis' ce type d'Instrument qui fait partie de la représentation sémantique d'un verbe.

Par contre, les verbes en (53a) spécifient le résultat du changement d'état que subit l'entité qui est soumise à l'action, mais pas la façon dont cette action est accomplie. On peut, selon le type d'entité qui est soumise à l'action, utiliser ses doigts comme Instrument. L'Instrument n'est donc pas spécifié dans la représentation sémantique des verbes. C'est ce que j'appelerai un 'Instrument contingent'.

Il faut noter qu'un Instrument requis est un Instrument qui est linguistiquement requis, c'est-à-dire requis par la sémantique du verbe, et non pas requis pragmatiquement, c'est-à-dire en référence au fait que l'accomplissement réel d'une action impliquant une certaine entité n'est possible qu'en utilisant un certain outil. Les exemples suivants illustrent cette nuance.

(54) a. Asíbá   wànlán wémâ ɔ́   kpɔ́dó màcínû   kpó.
          Asiba   écrire   papier DÉT avec   machine à écrire avec
          'Asiba a écrit la lettre avec une machine à écrire.'

      b. * màcínû   élɔ́   wànlán   wémâ   ɔ́.
          machine à écrire DÉM écrire   papier   DÉT
          'Cette machine à écrire a écrit une lettre.'

      c. Màcínû   élɔ́ wè   wànlán   wémâ   ɔ́.
          machine à écrire DÉM FOC écrire   papier   DÉT
          'C'est cette machine à écrire qui a écrit une lettre.'

(55) a. Asíbá xò   wémâ ɔ́   kpɔ́dó màcínû   kpó.
          Asiba   taper papier DÉT avec   machine à écrire avec
          'Asiba a tapé la lettre avec une machine à écrire.'

      b. Màcínû   élɔ́ xò   wémâ   ɔ́.
          machine à écrire DÉM taper papier   DÉT
          'Cette machine à écrire a tapé la lettre.'

Toutes les phrases ci-dessus réfèrent à une situation où une lettre a été produite au moyen d'une machine à écrire. Dans la variante agentive, cette situation peut être encodée comme 'écrire à la machine' ou 'taper à la machine'. Toutefois, le verbe *xò* 'taper' encode spécifiquement l'usage de cette machine, ce qui n'est pas le cas du verbe *wànlán* 'écrire'. La machine est donc l'Instrument requis du verbe *xò* et peut occuper la position de sujet (cf. (55)). Avec le verbe *wànlán*, la machine est un Instrument intermédiaire contigent et ne peut apparaître qu'en focus (cf. (54)).

Les verbes ci-dessous sont tous des verbes qui permettent à leur Instrument d'occuper la position sujet de base.

(56)   *Verbes à Instrument requis*

gbò	'retrancher'	*xwí*	'tamiser'
kpà	'tailler superficiellement'	*tà*	'tamiser'
sɛ́n	'couper'	*tɔ̀*	'coudre'
xò	'taper'	*súnsún*	'essuyer'
só	'piler'	*hùn*	'déverrouiller'

Par contre, avec les verbes qui suivent, l'Instrument est souvent limité à la position de focus.

(57)   *Verbes à Instrument contigent*

já	'couper en morceaux'	*kpábá*	'aplatir'
kán	'couper une partie'	*tɔ́n*	'crever'
má	'partager'	*gbà*	'casser'
vlɔ́	'diviser'	*wànlán*	'écrire'
zɛ̀	'fendre'	*ɖè*	'dessiner'
hù	'tuer'	*gblè*	'blesser'

Par rapport à l'Instrument requis, l'Instrument contingent est donc soumis à des contraintes supplémentaires. Ces contraintes sont examinées à la prochaine partie.

4.3   CONTRAINTES SUR LA RÉALISATION SUJET

J'ai déjà mentionné que, pour Levin et Rappaport (1986), l'Instrument qui apparaît en position de sujet est un Instrument intermédiaire ayant la capacité d'accomplir l'action avec une certaine autonomie. Schlesinger (1989), qui analyse les Instruments en position de sujet comme des Agents inanimés, fait la même observation, à savoir que les machines et les mécanismes complexes sont de meilleurs candidats au statut d'Agent, parce qu'ils jouissent d'une certaine autonomie. Cela découle de sa première Condition de naturalité (*Naturalness Condition I*), selon laquelle un Instrument peut apparaître en position de sujet d'une phrase qui 'sonne' naturelle lorsqu'il n'y a pas d'Agent humain pour causer l'événement, ou lorsque cet Agent est inconnu ou absent de la scène de l'événement.

Évidemment, cette condition ne contraint pas les Instruments requis tels que je les ai définis en fɔngbè. Les Instruments requis qui peuvent toujours occuper la position de

sujet des verbes en (56) ci-dessus sont rarement des entités fonctionnant de façon
autonome, par exemple la serviette qui essuie la table (*súnsún*), le pilon qui pile le
piment (*só*) ou l'aiguille qui coud le pagne (*tɔ̀*). En outre, une machine à écrire est une
machine complexe ; elle devrait ainsi être réalisée en position de sujet. Mais, comme je
l'ai déjà mentionné, c'est seulement lorsqu'elle est un Instrument requis (du verbe *xò*
'taper') que cette réalisation est possible.

Cette condition est par contre pertinente pour la réalisation des Instruments
contingents. Rappelons que, lorsqu'un Instrument par ailleurs contrôlable est impliqué
dans un événement sans que l'Agent ne le contrôle, il ne peut être introduit ni par
kpódó...kpó, ni par une préposition locative. Il apparaît alors en position de sujet,
position qui est [– Contrôlé]. Dans ce type de situation accidentelle où il n'y a pas de
contrôleur (ni réalisé dans la phrase ni implicite), l'Instrument peut toujours apparaître
en position de sujet :

(58) a.   Jìví   ɔ́   gblé   wú   Kɔ̀kú sín   àlɔ̀.
           couteau DÉT endommager corps Koku POSS main
           'Le couteau a blessé la main de Koku.'

      b.   Zògbɛ́n ɔ́   zɛ̀   Kɔ̀kú sín   tà.
           lampe   DÉT fendre   Koku POSS tête
           'La lampe a fendu le crâne de Koku.'

La contrainte pertinente pour rendre compte de ces faits du fɔngbè doit être
reformulée de la façon suivante : un Instrument peut apparaître en position de sujet
d'une phrase lorsqu'il n'y a pas d'Agent humain qui le contrôle.

Cela explique que pour un même verbe, les réalisations sujets ne soient pas
homogènes. Elles dépendent de l'Instrument en présence, et de sa situation par rapport
au contrôle. Comparez les exemples ci-dessous qui mettent en jeu le verbe 'tuer'.

(59) a.   Asíbá hù Kɔ̀kú kpó tú   túkpén kpò   jìví   kpó.
           Asiba tuer Koku avec fusil balle   bâton couteau avec
           'Asiba a tué Koku avec un fusil / des balles / un bâton /un couteau.'

      b.   Tú   élɔ́ hù   Kɔ̀kú.
           fusil DÉM tuer Koku
           'Ce fusil a tué Koku.'

      c.   Túkpén àtɔ̀n hù   Kɔ̀kú
           balle   trois tuer Koku
           'Trois balles ont tué Koku.'

      d. ? Kpò élɔ́ hù   Kɔ̀kú
           bâton DÉM tuer Koku
           'Ce bâton a tué Koku.'

      e. ?? Jìví   élɔ́ hù   Kɔ̀kú
           couteau DÉM tuer Koku
           'Ce couteau a tué Koku.'

Une foule d'Instruments peuvent être contrôlés par un Agent dans le processus de
'tuer' (cf. (59a)). Pour que ces Instruments puissent être réalisés comme sujets, il

doivent échapper au contrôle d'un Agent humain. Ainsi, les phrases en (59b,c) sont correctes si elles désignent un cas de balle perdue ou une situation où le coup de fusil est parti tout seul, par exemple si le fusil chargé est tombé de la cheminée, ou si un humain inexpérimenté était en train de le nettoyer. La phrase en (59d) est possible si Koku a fait une chute fatale après avoir buté sur le bâton ou s'il a reçu un bâton, entraîné par la force de gravité, sur la tête. Le fait que la phrase (59e) soit beaucoup moins acceptable tient à ce qu'il est plus difficile pour le locuteur d'imaginer une situation où le couteau a causé la mort de Koku sans être contrôlé. Il faudrait que ce soit la lame du couteau (et non le manche) qui pénètre (et non effleure) une partie vitale de Koku (et pas seulement sa main). Ces exemples révèlent que, lorsque l'Instrument n'est pas requis par la sémantique du verbe, des considérations d'ordre pragmatique ou encyclopédique déterminent son interprétation et, partant, ses réalisations syntaxiques.

Schlesinger formule comme suit une deuxième Condition de naturalité : L'Instrument est exprimé naturellement comme le sujet lorsque qu'il devient, au détriment de l'Agent humain, le centre d'attention dans l'action accomplie. Selon Schlesinger, cette deuxième condition est surtout satisfaite en anglais par les phrases qui dénotent une 'propriété/ caractéristique de l'Instrument :

    (60)   a.   This pencil draws very thin lines.
                  'Ce crayon trace des lignes très fines.'

          b.   This spray kills cockroaches instantly.
                  'Cet aérosol tue les cafards instantanément.'

Pour ce qui est du fɔngbè, les structures en focus du sujet satisfont également à cette condition. Alors que la position sujet de base nécessite un Instrument autonome, non contrôlé (cf. (59) ci-dessus), la position de focus est occupée par les Instruments contingents qui sont contrôlés par un Agent implicite. Dans les exemples ci-dessous, c'est la deuxième traduction (b) qui rend le mieux le sens de la phrase :

    (61)   Àsíyɔ́ví ɔ́   wɛ̀   já   àtín.
            hache   DÉT FOC couper en morceaux arbre
            (a) 'C'est la hache qui a débité un arbre.'
            (b) 'C'est avec la hache qu'on a débité un arbre.'

    (62)   Màcínû   ɔ́   wɛ̀   xá   Asíbá   sín   àkwɛ́
            calculatrice DÉT FOC calculer Asiba de argent
            (a) 'C'est la calculatrice qui a calculé l'argent d'Asiba.'
            (b) 'C'est avec la calculatrice qu'on a calculé l'argent d'Asiba.'

La question se pose alors de savoir pourquoi la deuxième Contrainte de naturalité de Schlesinger s'applique à la position de base du sujet en anglais, mais à la position du sujet focalisé en fɔngbè ? La réponse pourrait résider dans la façon différente qu'ont les deux langues « d'emballer l'information » (*information packaging*) dans la phrase [15].

---

[15] Je ne traiterai pas ici de la structure syntaxique des constructions focalisée en fɔngbè. Voir à ce sujet l'analyse détaillée de Ndayiragije (en préparation).

La position de sujet est une position topique ; c'est même, selon Keenan (1985), la position topique non marquée. C'est précisément pour topicaliser un participant qui n'est pas présenté comme topique dans la forme active (parce qu'il est en position d'objet) que la transformation passive déplace ce participant en position de sujet. Il faut noter que la topicalité est une propriété des structures de surface. En effet, l'objet déplacé en position de sujet est interprété comme topique à cause de sa position d'arrivée, sans égard à la trace en position d'objet. De la même manière, l'Instrument peut être déplacé dans la position de sujet pour devenir le topique de la phrase, c'est-à-dire pour reléguer au second plan le rôle de l'Agent.

Par ailleurs, des études inter-linguistiques et des analyses sur l'acquisition du langage ont démontré qu'il existe une forme prototypique pour un événement transitif. C'est un événement où un Agent animé actualise volontairement un changement d'état ou de lieu, physique et perceptible, chez un Patient au moyen d'un contact direct (Slobin, 1982). Une phrase 'hautement transitive' est celle qui contient un Agent humain (ou dont les propriétés s'approchent de celles de l'humain), agissant de façon active, volitive et complète sur un objet défini ou référentiel (Hopper et Thompson, 1980). Le topique par excellence d'une phrase transitive est ainsi un Agent.

Or, il est possible que des langues comme l'anglais et le fɔngbè diffèrent justement dans le degré d'écart qu'elles permettent entre le prototype et les phrases transitives engendrées. Si le fɔngbè, par exemple, est une langue qui favorise un prototype hautement transitif, on peut penser que cette langue ne tolèrera pas de participants en position de sujet qui s'éloignent trop du prototype. L'Instrument n'est pas un participant humain ; il n'agit pas volontairement et pas toujours de façon active. Donc, plus il est interprété comme actualisant le changement d'état ou de lieu de façon directe, plus il s'approche du prototype. L'Instrument requis est ainsi plus prototypique que l'Instrument contingent. Ce dernier est un plus ou moins bon candidat à la position de sujet (de topique) de verbe transitif, ce qui peut forcer son déplacement en position de focus, avec une interprétation où un Agent prototypique est implicite. Comme dans le cas du passif mentionné plus haut, c'est la position de surface de l'Instrument qui est pertinente pour les contraintes sur l'emballage de l'information.

La distinction établie entre les trois types d'Instruments (Facilitant, Intermédiaire requis et Intermédiaire contingent) soulève la question du statut de ces divers Instruments par rapport à la représentation des verbes. Les Instruments sont-il des adjoints ou des arguments ?

4.4   LES INSTRUMENTS : ARGUMENTS OU ADJOINTS

Dans la bibliographie, les Instruments sont traités comme des arguments par les uns et comme des adjoints par les autres. Marantz (1984) soutient que le rôle Instrumental est assigné par un prédicat (et non par une adposition ou un marqueur de cas) parce que sa sémantique varie largement selon le verbe avec lequel il apparaît. Cadiot (1990) considère également les Instruments comme des arguments sémantiques, même s'ils ne sont pas syntaxiquement obligatoires, parce qu'il sont impliqués matériellement dans le procès, donc obligatoires dans le schéma d'action. Baker (1988) soutient que les Instruments sont des arguments, non seulement en termes sémantiques, mais également en termes syntaxiques. Il avance deux arguments qui montrent qu'ils sont engendrés sous VP. Premièrement, ils peuvent être extraits par mouvement long de wh, contrairement aux adjoints à VP, ce qui implique qu'ils reçoivent un rôle thématique du verbe :

(63) a. With which key do you always forget how to open doors ?
          'Avec quelle clé oublies-tu toujours comment ouvrir la porte ?'

      b. * How do you always forget with which key to open doors ?
          'Comment oublies-tu toujours avec quelle clé ouvrir la porte ?

Deuxièmement, ils peuvent apparaître à l'intérieur de composés synthétiques, c'est-à-dire des composés dont le composant non tête est un argument de la tête du mot :

(64)   hand-made / laser-cut
          'fait à la main' / 'coupé au laser'

Pour Carlson et Tanenhaus (1988), l'Instrument est un argument du verbe, qui lui assigne son rôle thématique, mais seulement lorsqu'il apparaît en position de sujet. Autrement, c'est la préposition *with* qui lui assigne son rôle thématique. Un verbe comme *slice*, même s'il a un seul sens nucléaire, a ainsi deux ensembles de rôles thématiques associés.

(65) a. Seymour sliced the salami with a knife.   {Agent, Thème}
          'Seymour a tranché le salami avec un couteau.'

      b. A sharp knife sliced Seymour's salami.   {Instrument, Thème}
          'Un couteau affilé a tranché le salami de Seymour.'

L'argument qui justifie cette proposition est le suivant. Il y a des cas où le PP n'alterne pas avec un sujet (cf. (66)). On ne trouve pas un constraste sémantique constant entre ces phrases et celles qui, comme en (65), amèneraient à caractériser le PP en termes d'une participation nécessaire à l'action dénotée par des verbes comme 'trancher'.

(66) a. John ate the salami with a fork.
          'Jean a mangé le salami avec une fourchette.'

      b. * John's fork ate the salami.
          'La fourchette de Jean a mangé le salami.'

Or, comme je l'ai déjà montré, il existe un contraste sémantique entre ces deux types de phrases. C'est précisément la distinction entre Instruments facilitants (cf. (66)) et Instruments intermédiaires et, au surplus, requis (cf. (65)). Le fait que certains PP n'alternent pas avec une réalisation sujet est justement le reflet syntaxique de cette distinction.

Je suis d'accord avec Carlson et Tanenhaus pour dire que la fourchette n'est pas un argument du verbe 'manger' en (66). Je dirai la même chose pour tous les Instruments facilitants. Ce type d'Instrument n'est ni une Cause de changement d'état ou de lieu, ni un Contrôleur d'un des participants impliqués dans l'action dénotée par le verbe. Il s'agit d'un adjoint sémantique, qui modifie l'action du verbe, à l'instar d'un adverbe de manière.

J'utilise la notion d'adjoint sémantique au sens de Carter (1984), soit un constituant syntaxiquement facultatif, qui spécifie des valeurs qui ne sont pas autrement indiquées dans la phrase lorsque l'adjoint est absent. À l'inverse, un argument sémantique est un constituant qui, conceptuellement, est nécessairement impliqué. Il est syntaxiquement facultatif ou obligatoire, mais sémantiquement obligatoire, donc implicite lorsque non réalisé syntaxiquement. Il faut noter qu'un adjoint sémantique est défini en rapport au sens nucléaire, à la Strucure conceptuelle de base d'un verbe. C'est le cas, par exemple, de l'Agent des verbes qui sont soumis à l'alternance causative-inchoative tels que *casser*. L'Agent est un adjoint sémantique dans ce cas, puisqu'il n'est pas implicite dans une réalisation inchoative comme *La branche a cassé*. Il n'y a donc pas toujours de reflet direct du statut argument/adjoint sémantique dans la syntaxe. En termes méthodologiques, il faut donc tenir compte que, si une différence de structure syntaxique implique une différence de structure sémantique, l'implication inverse n'est pas vraie.

Pour moi, l'Instrument facilitant est un adjoint sémantique, alors que l'Instrument requis est un argument sémantique [16]. Quant à l'Instrument contingent, il est soit un adjoint, soit un argument, selon qu'il est introduit par la préposition 'avec' ou qu'il occupe la position de sujet.

5. REPRÉSENTATIONS LEXICALES

Le modèle de représentation sémantique au niveau lexical que j'adopte ici est celui des Structures conceptuelles lexicales (*Lexical Conceptual Structure*), tel qu'il a été développé au sein du MIT Lexicon Project (cf. notamment Guerssel, 1986; Hale et Keyser, 1987; Hale et Laughren, 1983; Levin et Rapoport, 1988). Les Structures conceptuelles lexicales (désormais SCL) présentent une décomposition de la sémantique des verbes en prédicats sémantiques, tels CAUSE, CHANGE, BE, AT, etc. Ces prédicats sont des primitifs qui apparaissent de façon récurrente dans les définitions des verbes, identifiant ainsi les verbes qui appartiennent à une même classe sémantique. Les arguments de ces prédicats sont représentés au moyen de variables. La SCL contient également l'information spécifique permettant de distinguer les uns des autres les verbes d'une même classe (donc représentés au moyen des mêmes prédicats primitifs et des mêmes variables), par exemple *mettre* et *donner*. Conformément à la convention adoptée dans les travaux sur le sujet, je résume cette information en répétant

---

[16] Carter (1984) classe l'Instrument parmi les adjoints (comme les constituants *Cause, Purpose* et *Means*) mais il ne mentionne aucune distinction parmi les Instruments.

simplement le verbe à la fin de la SCL. Les verbes *mettre* et *donner* auront ainsi des SCL comme ci-dessous.

(67) a. <u>mettre</u> : [*x* CAUSE [*y* CHANGE BE at *z*]] / *mettre*

    b. <u>donner</u> : [*x* CAUSE [*y* CHANGE BE at *z*]] / *donner*

5.1 LA DISTINCTION CAUSE/DO

Les analyses sémantiques qui proposent une décomposition des verbes en prédicats primitifs ont traditionnellement représenté l'instigateur (ou l'agent) d'un événement comme l'argument du prédicat CAUSE. Brousseau et Ritter (1991, 1992) proposent plutôt l'existence de deux prédications de causation, CAUSE et DO. Elles montrent que la distinction entre responsabilité directe et indirecte d'un participant dans l'action dénotée par le verbe est une distinction linguistiquement pertinente, reflétée par les différentes réalisations argumentales de plusieurs classes de verbes. Le prédicat DO est le prédicat dont l'argument est un participant directement responsable de l'action (un causeur direct) alors que CAUSE est le prédicat qui introduit un participant indirectement responsable (un causeur indirect). J'adopterai ce formalisme pour dégager les SCL des différent verbes impliquant un Instrument en fɔngbè.

La distinction CAUSE/DO est clairement illustrée par les verbes qui sont soumis à ce que Brousseau et Ritter appellent 'l'alternance de mouvement contraint', comme *jump* en anglais :

(68) a. The lions jumped through the hoop.
       'Les lions ont sauté à travers le cerceau.'

    b. The trainer jumped the lions through the hoop.
       'Le dompteur a fait sauter les lions à travers le cerceau.'

Le verbe *jump* 'sauter' dénote une action impliquant un participant actif, responsable de l'événement (contrairement à un verbe comme *tomber*, par exemple). Ce participant est le sujet (les lions) de la variante inergative du verbe en (68a). Dans la variante transitive en (68b), cependant, le sujet réfère à un deuxième participant actif qui n'est qu'indirectement responsable de l'action (le dompteur). En effet, le dompteur n'est pas impliqué dans le mouvement que constitue le saut ; ce sont encore les lions qui font l'action de sauter. Le rôle du dompteur par rapport au saut est celui d'une cause indirecte, médiatisée par le responsable direct du saut.

Dans les deux variantes, *jump* est un verbe de mouvement qui sélectionne un agent direct de l'action. Brousseau et Ritter proposent donc la SCL en (69a) comme représentation sémantique de base du verbe *jump*, dont la réalisation syntaxique canonique est la variante inergative en (68a). La SCL correspondant à la variante transitive est dérivée via l'ajout du prédicat de causation indirecte, CAUSE, tel que représenté en (69b).

(69)   a. $\underline{jump_a}$: [x DO MOVE. ..] / *jump*

    b. $\underline{jump_b}$: [y CAUSE [x DO MOVE...]] / *jump*

C'est cette même opération qui permettra de rendre compte de l'alternance instrumentale PP/sujet, comme on le verra dans les parties suivantes.

5.2   REPRÉSENTATION DES VERBES À INSTRUMENT REQUIS

Rappelons qu'un verbe à Instrument requis est un verbe qui, dans son sens nucléaire, dénote une action spécifiant le moyen utilisé pour l'accomplir. L'Instrument est donc encodé dans la représentation sémantique du verbe. Les verbes fòn *sén* 'couper' et *tà* 'tamiser' auront ainsi les SCL de base (70) et (71) respectivement, dans le formalisme proposé par Brousseau et Ritter (1991, 1992) [17].

(70) $\underline{sén}$:   [y DO z CHANGE BE] /*sén*
                               |
                  instrument coupant

(71) $\underline{tà}$:   [y DO z CHANGE BE] /*tà*
                               |
                  instrument filtrant

Dans ces deux SCL, l'Instrument est l'argument externe du prédicat DO, et donc l'argument externe du verbe. Il est l'instigateur direct du changement d'état que subit le Thème (la variable z). Les SCL représentent des événements qu'on pourrait paraphraser comme 'Un instrument coupant/filtrant agit sur z de sorte que z devient coupé/tamisé'.

La réalisation canonique d'une telle SCL est la réalisation sujet de l'Instrument. La phrase (72a) correspond à la SCL (70) et la phrase (72b), à la SCL (71) :

(72)   a.   Jìví   élɔ̃   sén   làn.
           couteau DÉM couper viande
           'Ce couteau a coupé de la viande.'

    b.   Gànjà   vɔ̀vɔ̀   ɔ́   tà   gàlí.
           tamis   rouge DÉT tamiser farine de manioc
           'Le tamis rouge a tamisé la farine de manioc.'

---

[17] Cette partie emprunte à l'analyse de Brousseau et Ritter (1991, 1992), particulièrement pour ce qui est du formalisme. Leur distinction entre *specified* et *non-specified instrument verbs* recoupe essentiellement la distinction que j'ai établie entre Instruments requis et contingents. Cette idée avait d'abord été fomulée de façon informelle dans Brousseau (1989) qui proposait également de considérer que certains Instruments sont des types de Causeurs, primaires ou secondaires, selon leur réalisation syntaxique.

Il n'y a pas d'instigateur humain, de contrôleur de l'Instrument, implicite dans ces phrases. Tel que représenté dans la SCL, le verbe n'a en effet que deux arguments, l'Instrument et le Thème du changement.

Pour engendrer la variante causative de ces phrases, c'est-à-dire la variante avec un contrôleur de l'Instrument en position de sujet, la SCL de base est enchâssée sous le prédicat CAUSE. Les SCL dérivées sont les suivantes, où (73) est dérivée de (70) et (74) de (71) :

(73)   sén :   [x CAUSE [y DO z CHANGE BE]] /sén

                    |

                    instrument coupant

(74)   tà :   [x CAUSE [y DO z CHANGE BE]] /tà

                    |

                    instrument filtrant

Dans ces SCL, l'Instrument reste l'instigateur direct de l'action de couper/tamiser. Il est encore le contrôleur de l'objet, même s'il est contrôlé par un autre contrôleur, l'argument externe du prédicat CAUSE (l'Agent). L'Agent est l'instigateur indirect de l'action de couper, puisque son contrôle est médiatisé par celui de l'Instrument. L'événement que représente ces SCL est quelque chose comme 'Un agent manipule un instrument coupant/filtrant qui agit sur z de sorte que z devient coupé/tamisé'.

La réalisation canonique d'une telle SCL est celle où l'Agent occupe la position de sujet et la préposition 'avec' introduit l'Instrument. La phrase (75a) correspond à la SCL (73) et la phrase (75b) correspond à (74).

(75) a.   Asíbá sén   làn   kpóɖó jìví   élɔ́   kpó.
            Asiba couper   viande avec   couteau DÉM   avec
            'Asiba a coupé de la viande avec ce couteau.'

      b.   Asíbá tà   gàlí   kpóɖó gànjà vɔ̀vɔ̀   ɔ́   kpó.
            Asiba tamiser farine de manioc avec   tamis rouge DÉT   avec
            'Asiba a tamisé la farine de manioc avec le tamis rouge.'

Dans la SCL causative, c'est l'argument externe de CAUSE, le prédicat le plus haut dans la structure, qui est l'argument externe du verbe, et non pas l'argument externe de DO puisqu'il est enchâssé sous CAUSE. L'argument interne du verbe est l'entité directement affectée par le changement d'état, l'argument interne du constituant [DO CHANGE BE]. L'Instrument doit donc être projeté dans un PP et engendré, si l'on adopte les arguments de Baker (1988), comme complément à l'intérieur du VP.

Bien sûr, la réalisation PP de l'Instrument dans les phrases (75) est facultative. Mais puisque l'Instrument est un argument sémantique du verbe, il est implicite lorsque le PP n'est pas réalisé. Il est alors interprété comme un Instrument prototypique. Autrement dit, lorsque la variable y des SCL en (73) et (74) n'est pas projetée dans la syntaxe, elle est interprétée selon la spécification qu'elle porte dans la SCL :

(76) a.   Asíbá sέn   làn.
           Asiba couper viande
           'Asiba a coupé de la viande.'

      b.   Asíbá tà   gàlí.
           Asiba tamiser farine de manios
           'Asiba a tamisé la farine de manioc.'

Par exemple, l'interprétation naturelle de (76a) est celle où Asiba a utilisé un couteau. Cette phrase ne peut désigner une situation où Asiba a utilisé quelque chose d'aussi peu prototypique qu'un ciseau à bois.

5.3   REPRÉSENTATION DES VERBES À INSTRUMENT CONTINGENT

Les verbes à Instrument contingent spécifient le résultat du changement d'état que subit l'entité qui est soumise à l'action, mais pas la façon dont cette action est accomplie. L'Instrument contingent n'est donc pas encodé dans la représentation sémantique des verbes. Les verbes fɔn gbà 'casser' et hù 'tuer' ont respectivement les SCL de base (77) et (78).

(77)   gbà : [y DO z CHANGE BE] / gbà

(78)   hù   : [y DO z CHANGE BE] / hù

Il s'agit encore de verbes qui encodent un instigateur direct, mais, contrairement à sέn 'couper' et tà 'tamiser', l'instigateur n'est assorti d'aucune spécification. Tout participant pouvant faire en sorte que z devienne cassé/mort peut être l'argument externe du prédicat DO. Ce peut être un Agent, un Instrument ou une Force naturelle :

(79) a.   Kɔkú gbà   xwlé   ɔ́.
           Koku casser planche DÉT
           'Koku a cassé la planche.'

      b.   Màtóò ɔ́ gbà   cófû   ɔ́.
           marteau DÉT casser verre DÉT
           'Le marteau a cassé le verre.'

      c.   Jòhɔ́n gbà   àlà.
           vent   casser branche
           'Le vent a cassé des branches.'

Lorsqu'une SCL n'encode pas de spécification de l'argument externe de DO, cet argument peut être satisfait par tout participant qui est défini par les traits [+ Cause] et [+ Contrôleur] (soit l'Agent, l'Instrument ou la Force naturelle), dans la mesure où ce participant peut agir comme instigateur direct de l'action. Il est donc projeté dans la syntaxe en position de sujet. Les phrases de (79) ci-dessus sont toutes des exemples de la réalisation canonique de la SCL (77).

De la même manière que pour les verbes à Instrument requis, la SCL de base peut être enchâssée sous le prédicat CAUSE pour dériver les SCL suivantes.

(80)   <u>gbà</u> : [x CAUSE [y DO z CHANGE BE]] / *gbà*

(81)   <u>hù</u> : [x CAUSE [y DO z CHANGE BE]] / *hù*

Comme dans les SCL des verbes *sén* et *tà*, l'argument externe de *gbà* et *hù* est la variable x, l'argument interne est la variable z et la variable y est réalisée dans un PP. Les SCL (80) et (81) sont réalisées par des phrases telles que (82a) et (82b) respectivement :

(82) a. Kɔkú   gbà   xwlé   ɔ́   kpóɖó   màtóò   ɔ́   kpó.
          Koku   casser planche DÉT   avec   marteau DÉT   avec
          'Koku a cassé la planche avec le marteau.'

     b. Kɔkú   hù   dàn   ɔ́   kpóɖó   kpò   élɔ́   kpó.
          Koku   tuer serpent DÉT   avec   bâton DÉM   avec
          'Koku a tué le serpent avec ce bâton.'

L'argument externe de DO reste l'instigateur direct du changement d'état. Avec les SCL de base (77) et (78), cet argument pouvait être un Agent, un Instrument ou une Force naturelle. Ici, l'argument externe de DO est de plus contrôlé par l'argument externe de CAUSE. Ce ne peut être que l'Instrument, puisqu'il est le seul à être défini à la fois par les traits [+ Contrôleur] et [+ Contrôlé]. L'argument externe est le contrôleur de l'Instrument, donc un Agent.

Il existe en apparence deux autres possibilités, illustrées par les phrases suivantes, quant à l'identité des participants pouvant être les arguments de CAUSE et DO dans une SCL ayant la structure [x CAUSE [y DO z CHANGE BE].

(83) a. La tempête a coulé le bateau avec ses vagues hautes de six mètres.

     b. Ce revolver a tué le président avec trois balles.

L'exemple (83a) suggère que deux Forces naturelles sont impliquées dans l'action de couler : *la tempête* qui est l'argument de CAUSE et *les vagues* qui est l'argument de DO. Une telle analyse poserait deux problèmes. D'abord, les Forces naturelles sont définies par le trait [– Contrôlé] alors que les vagues sont contrôlées par l'argument externe de CAUSE. Ensuite, il y violation de la contrainte selon laquelle deux rôles sémantiques ne peuvent pas apparaître dans la même phrase, contrainte que j'ai adoptée jusqu'ici. Ce deuxième problème est également soulevé par la phrase (83b) où il y cooccurence de deux Instruments. Je crois plutôt que le participant contrôlé par le sujet des phrases en (83) est une partie du tout que constitue le sujet. Les balles font partie intégrante d'un revolver, comme de hautes vagues font partie intégrante d'une tempête en mer. Ces participants n'ont donc pas de rôle distinct de celui associé à la position de sujet. La cooccurence est possible, conformément à la contrainte comme reformulée par Levin (1979), parce que les deux rôles ont le même référent.

Pour en revenir aux phrases de (82) mettant en jeu les verbes *gbà* 'casser' et *hù* 'tuer', on trouve bien des sûr des phrases équivalentes, mais où l'Instrument n'est pas réalisé syntaxiquement :

(84) a. Kɔkú gbà xwlé ɔ́.
          'Koku a cassé la planche.'

      b. Kɔkú hù dàn ɔ́.
          'Koku a tué le serpent.'

Avec des Instruments requis, de telles phrases étaient toujours interprétées avec un Instrument implicite prototypique (cf. (76) ci-dessus). Dans les phrases de (84), il n'y a pas d'Instrument implicite. Rien ne permet d'inférer, par exemple, la façon dont Koku a tué le serpent : en le jettant dans l'eau bouillante, en lui tranchant la tête, en le frappant sur un arbre ? Cela découle directement du fait que le verbe *hù* 'tuer' n'inclut aucune spécification quand au moyen utilisé pour accomplir l'action. Lorsqu'un Instrument contingent n'est pas réalisé syntaxiquement, c'est qu'il n'est pas un participant dans la représentation sémantique qui correspond à cette phrase. Les SCL pour les réalisations de (84) sont celles de (77) et (78) plus haut, soit la structure à deux arguments [y DO z CHANGE BE]. Le sujet Agent est l'instigateur direct des actions dénotées par les verbe 'casser' et 'tuer'.

5.3   REPRÉSENTATION DES INSTRUMENTS FACILITANTS

Je parlerai très brièvement des Instruments facilitants. J'ai déjà mentionné que ce type d'Instrument n'est ni une Cause de changement d'état ou de lieu, ni un Contrôleur. Ce n'est pas un participant dans l'action dénotée par le verbe. Il n'apparaît donc jamais dans la représentation sémantique d'un verbe.

Les Instruments facilitants sont des adjoints qui modifient l'action dénotée par la phrase dans laquelle ils apparaissent, comme les adverbes, les phrases de but, les adjoints temporels et locatifs. L'inteprétation de cette modification ne s'opère pas dans le lexique, mais plutôt dans un module sémantique (peut-être la Forme Logique) à la sortie de la syntaxe.

Le mécanisme du module post-syntaxique permettant d'interpréter la modification apportée par les Instruments facilitants pourrait être celui que Rappaport, Laughren et Levin (1987) proposent pour représenter les Instruments adjoints. Ce mécanisme ajoute à la représentation du sens primaire d'un verbe une proposition introduite par le prédicat primitif MEANS (ou CAUSE ou PURPOSE). Il a été proposé au départ pour rendre compte des alternances locatives, illustrées par les phrases (85a,c).

(85) a. John loaded the hay in the truck.
          'Jean a chargé le foin dans le camion.'

      b. [x CAUSE [z GO TO y]] / *load*

c.   John loaded the truck with hay.
'Jean a chargé le camion avec du foin.'

d.   [x CAUSE [y CHANGE BE]] / *load* by means [x CAUSE [z GO TO y]]

La SCL primaire du verbe *load* 'charger' est celle de (85b). Pour dériver la représentation correspondant à la phrase (85c), cette SCL devient un argument du prédicat MEANS. Dans les deux cas, le foin est le Thème d'un changement de lieu.

Selon Rappaport, Laughren et Levin (1987), l'Instrument est également le Thème d'un changement de lieu [18]. La phrase f̀n de (86a) ci-dessous aurait ainsi la représentation (86b), où x est l'Agent, y le Thème, et z l'Instrument.

(86)   a.   Asíbá bὲ kó kpó pέlî kpó
'Asiba a ramassé le sable avec une pelle.'

b.   [x CAUSE [y CHANGE BE]] /*bὲ* BY MEANS [x CAUSE [z GO TO y]]

6. CONCLUSION

Les différentes réalisations syntaxiques de l'Instrument sont le reflet des différents rôles qu'il peut jouer dans l'événement dénoté par un verbe. La possibilité pour un Instrument d'occuper la position de sujet dépend de sa capacité à contrôler le thème de changement d'état ou de lieu auquel le verbe fait référence. Cette position n'est jamais occupée par l'Instrument facilitant, puisqu'il ne fait qu'apporter une modification de type adverbial. Elle est toujours disponible pour l'Instrument intermédiaire requis puisque, dans la représentaîon même du verbe avec lequel il apparaît, cet Instrument est spécifié comme le contrôleur du Thème. Il est l'instigateur direct du changement d'état ou de lieu (c'est-à-dire l'argument externe du prédicat de cause directe, DO). Enfin, l'Instrument intermédiaire contingent peut occuper la position de sujet, mais il est soumis à diverses contraintes qui ne régissent pas l'Instrument requis. Comme ce participant n'est pas spécifié dans la SCL du verbe comme l'argument externe de DO, il n'apparaît en position de sujet que s'il peut être interprété comme l'instigateur direct de l'action.

BIBLIOGRAPHIE

BAKER, M.C. – 1988, Incorporation: A Theory of Grammatical Function Changing. Chicago, University of Chicago Press.

BRAINE, M.D.S. et HARDY, J.A. – 1982, « On What Categories there Are, Why they Are, and How they Develop: an Amalgam of A Priori Considerations, Speculation, and Evidence

---

[18] Lefebvre (1991) analyse également l'Instrument comme leThème d'un changement de lieu dans les constructions sérielles instrumentales du fɔngbè. Je discute cette analyse dans Brousseau (en préparation).

from Children », in *Language Acquisition: the State of the Art*, E. WANNER et L.R. GLEITMAN (éds), Cambridge, MA, Cambridge University Press, p. 219-240.

BROUSSEAU, A.-M. – En préparation, « Pour un traitement non unifié des constructions sérielles: évidences du fɔngbè », Université du Québec à Montréal.

— 1989, « Verbes et alternances argumentales en fongbè », *Projet de recherche Haïti-Fon: études syntaxiques, morphologiques et phonologiques* Rapport pour l'année 1988-1989, Sous la direction de C. LEFEBVRE, Université du Québec à Montréal, p. 294-321.

BROUSSEAU, A.-M. et RITTER,.E – 1991, « Causation and Verbal Diathesis », *La genèse du créole haïtien – Études syntaxiques, phonologiques et lexicales*, Rapport pour l'année 1990-1991, Sous la direction de C. LEFEBVRE et J.S. LUMSDEN, Université du Québec à Montréal, p. 501-561.

— 1992, « A Non-Unified Analysis of Agentive Verbs », Proceedings of the *10th West Coast Conference on Formal Linguistics*, Stanford, CA, CSLI .

CADIOT, P. – 1990, « La préposition *avec*: grammaire et représentation», *Le français moderne*, LVIII (3/4), p.152-174.

CARLSON, G.N. et TANENHAUS, M.K. – 1988, « Thematic Roles and Language Comprehension », in *Syntax and Semantics 21, Thematic Relations*, WILKINS (éd.), San Diego: Academic Press, p. 263-289.

CARTER, R. – 1984, « Linking Relations and their Constraints », in *On Linking Papers by Richard Carter*, B. LEVIN and C. TENNY (éds), Center for Cognitive Science, Cambridge, MA, MIT, *Lexicon Project Papers 25*, 1988, p. 253-263.

CHAFE, W. – 1970, *Meaning and Structure of Languag*, Chicago, University of Chicago Press.

CHOMSKY, N. – 1970, « Deep Structure, Surface Structure and Semantic Interpretation », in *Studies on Semantics in Generative Grammar*, La Haye, Mouton.

FILLMORE, C.J. – 1968, « The Case for Case », in *Universals in Linguistic Theory* E. BACH et R.T. HARMS (éds), London, Holt, Rinehart and Winston, p.1-88.

FOLEY, W.A. et VAN VALIN, R.D. – 1985, « Information Packaging in the Clause », in *Language Typology and Syntactic Description, Volume 1, Clause Structure*, T. SHOPEN (éd.), Cambridge, MA, Cambridge University Press, p. 282-365.

GRIMES, J.E. – 1975, *The Thread of Discourse*, La Haye, Mouton.

GRUBER, J. S. – 1965, *Studies in Lexical Relations*, Thèse de doctorat, MIT.

GUERSSEL, M. – 1986, « On Berber Verbs of Change: A Study in Transitivity Alternations », *Lexicon Project Working Papers 9*, MIT Center for Cognitive Science, Cambridge, MA, MIT.

HALE, K. et KEYSER, J. – 1987, « A View from the Middle », *Lexicon Project Working Papers 10*, MIT Center for Cognitive Science, Cambridge, MA, MIT.

HALE, K. et LAUGHREN, M. – 1983, « The Structure of Verbal Entries: Preface to Dictionary Entries of Verbs » *Walpiri Lexicon Project*, Cambridge, MA, MIT.

HOPPER, P.J. et THOMPSON, S.A. –. 1980, « Transitivity in grammar and discourse », *Language 56*, p. 251-299.

KEENAN, E.L. – 1985, « Passive in the World's Languages », in *Language Typology and Syntactic Description, Volume 1, Clause Structure*, T. SHOPEN (éd.), Cambridge, Cambridge University Press, p. 243-282.

LADUSAW, W.A. et DOWTY, D.R. – 1988, « Toward a Nongrammatical Account of Thematic Roles », *Syntax and Semantics 21: Thematic Relations*, W. WILKINS (éd.), San Diego, Academic Press, p. 61-75.

LAKOFF, G. – 1970, *Irregularity in Syntax*, New York, Holt, Rinehart and Winston.

LEFEBVRE, C. – 1990, « Establishing a Syntactic Category P in Fon », *The Journal of West African Languages* XX (1), p. 45-63.

— 1991, « *Take* Serial Verb Constructions in Fon », in *Serial Verbs: Grammatical, Comparative and Cognitive Approaches*, C. LEFEBVRE (éd.), *Studies in the Sciences of Language Series 8*, Amsterdam/Philadelphia, John Benjamins, p. 37-78.

LEVIN, B. – 1979, « Instrumental *With* and the Control Relation in English », Mémoire de maîtrise, Cambridge, MA, MIT.

LEVIN, B. et RAPOPORT, T.R. –. 1988, « Lexical Subordination », *Papers from the Twenty-fourth Regional Meeting*, Chicago Linguistic Society 24, University of Chicago.

LEVIN, B. et RAPPAPORT, M. – 1986, « The formation of Adjectival Passives », *Linguistic Inquiry*, 17, p. 623-661.

MARANTZ, A. – 1984, *On the Nature of Grammatical Relations*, Linguistic Inquiry Monograph 10, Cambridge, MA, MIT Press.

NDAYIRAGIJE, J. – En préparation, « Syntaxe et sémantique du clivage du prédicat en fɔn », Thèse de doctorat, Université du Québec à Montréal.

NILSEN, D.L.F. – 1973, *The Instrumental Case in English*, La Haye, Mouton.

RAPPAPORT, M., LAUGHREN, M. et LEVIN, B. – 1987, *Levels of Lexical Representation*, Lexicon Project Working Papers 20, Cambridge, MA, Center for Cognitive Science, MIT.

SCHLESINGER, I.M. – 1989, « Instruments as Agents: on the Nature of Semantic Relations », *Journal of Linguistics* 25, p. 189-210.

SLOBIN, D.A. – 1982, « The Origins of Grammatical Encoding of Events », in *Syntax and Semantics 15, Studies in Transitivity*, P.J. HOPPER et S.A. THOMPSON (éds), New York, Academic Press, p. 409-423.

VENDLER, Z. – 1967, *Linguistics in Philosophy*, Ithaca, Cornell University Press.

VAN VOORST, J.G. – 1990, *Event Structure*, Amsterdam, John Benjamins.

TABLE DES MATIÈRES